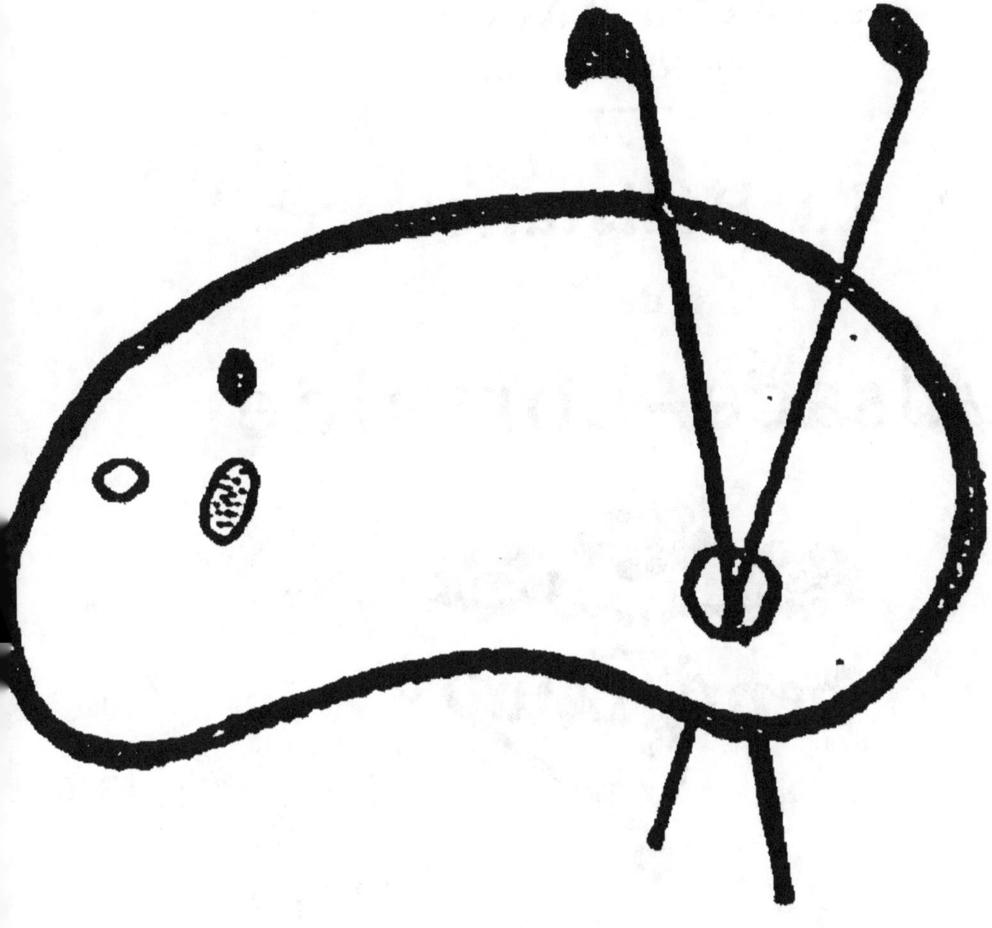

DEBUT D'UNE SERIE DE DOCUMENTS
EN COULEUR

ANSELME LAUGEL

Ancien Député d'Alsace

La Résistance
de
l'Alsace-Lorraine

PARIS

LIBRAIRIE H. FLOURY

1, Boulevard des Capucines

1918

Prix : 2 fr.

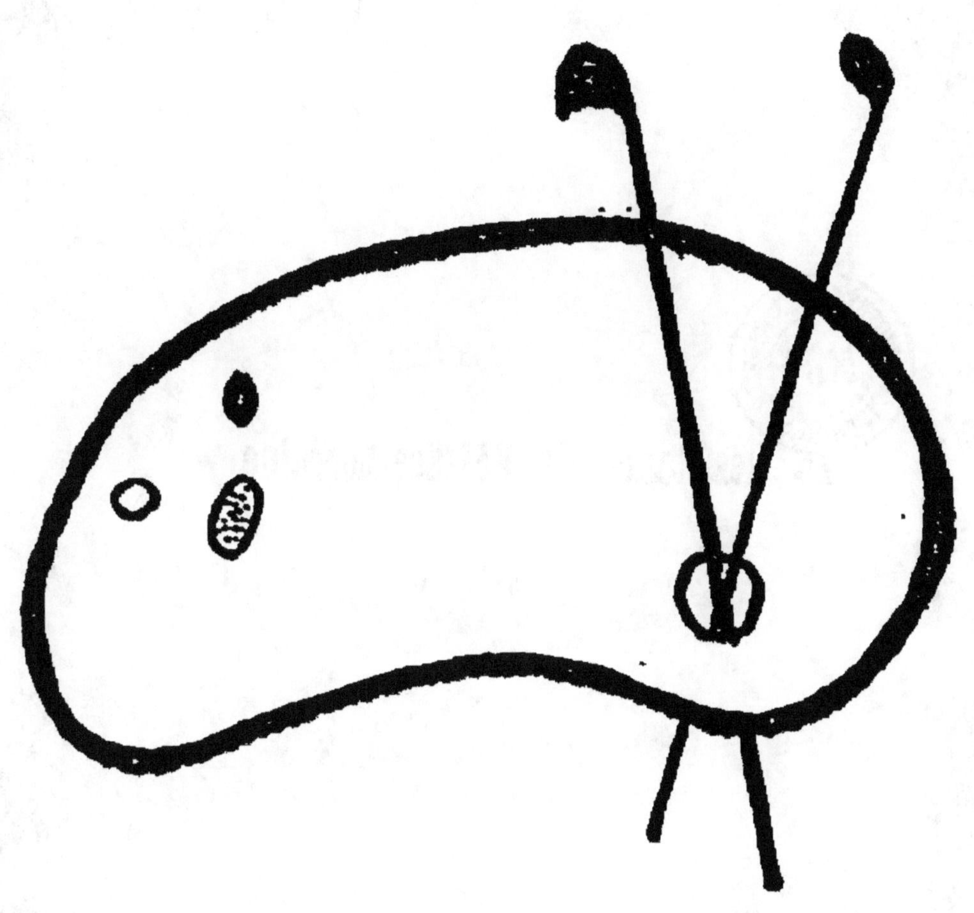

FIN D'UNE SERIE DE DOCUMENTS
EN COULEUR

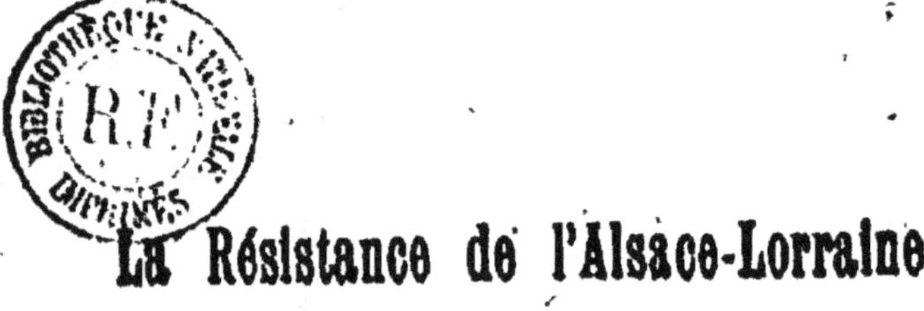

La Résistance de l'Alsace-Lorraine

ANSELME LAUGEL
Ancien Député d'Alsace

La Résistance

de

l'Alsace-Lorraine

PARIS

LIBRAIRIE H. FLOURY
1, Boulevard des Capucines

1918

CHAPITRE I

DE 1871 A 1890

La Protestation

Les Alsaciens-Lorrains, une fois annexés à l'Allemagne, affectèrent systématiquement de tout ignorer de leurs vainqueurs. Ils prirent une attitude dédaigneuse, et après s'être livrés aux manifestations protestataires connues, se bornèrent à englober dans le même mépris et l'administration générale de l'empire à laquelle ils ne comprenaient rien, et l'administration spéciale de leur pays à laquelle ils ne voulaient rien comprendre. Boudeurs obstinés, ils se contentèrent d'envoyer au Reichstag, quand ce leur fut permis, des députés intransigeants, et notamment le digne évêque de Metz, Mgr Dupont des Loges, qui ne cessa de donner jusqu'à sa mort les plus magnifiques exemples de fermeté.

Ce furent les temps héroïques, si je puis m'exprimer

ainsi, qui durèrent jusqu'en 1887; et pendant cette période de seize années, l'Alsace-Lorraine se cantonna dans sa fière obstination. Et cependant le gouvernement allemand faisait d'incessants efforts pour amener la population à d'autres sentiments, efforts qui se manifestèrent de différentes façons, bien-qu'en s'inspirant toujours de la rigueur caractéristique de la politique allemande.

Le 2 mai 1871, Bismarck avait, dans son discours au Reichstag, vanté les qualités allemandes, en disant textuellement :

« Nous autres Allemands, nous avons, en général, l'habitude de gouverner avec bonhomie, bien que parfois avec un peu de maladresse, mais en fin de compte, nous sommes tout de même plus bienveillants, plus humains que les hommes d'Etat français. C'est là une supériorité du régime allemand qui ne tardera pas à se révéler et à séduire le cœur allemand des Alsaciens. »

Mais inutile de dire que les Alsaciens n'ont jamais eu l'occasion d'être séduits par la bonhomie allemande, et qu'ils n'ont pu constater qu'une chose, c'est que le régime allemand auquel ils étaient soumis s'inspirait des principes bien germaniques qu'aimaient déjà à appliquer les Vandales et les Ostrogoths quand ils se ruaient à l'assaut de l'empire romain, et faisaient de la force le principe de leur droit.

Les premières idées de Bismarck
sur l'Alsace-Lorraine

La première chose dont s'occupa le Reichstag, c'est de savoir ce que l'Allemagne devait faire de sa conquête :

« Une seule question, dit Bismarck le 25 mai 1871, doit être pour le moment sérieusement posée : l'Alsace-Lorraine sera-t-elle annexée à la Prusse, ou formera-t-elle un pays immédiat? Dès le début, je me suis prononcé nettement pour la dernière solution, d'abord afin de ne pas mêler, sans nécessité, des questions dynastiques aux questions politiques, et puis parce que je crois que les Alsaciens accepteront plus volontiers d'être *Allemands* que d'être *Prussiens*.

« Les Alsaciens, malgré leur soumission bi-séculaire à la France, ont conservé cependant une forte dose de particularisme, à la bonne façon allemande, et c'est sur ce terrain qu'à mon avis nous devons commencer à bâtir nos fondements; nous nous donnerons donc tout d'abord la mission de fortifier ce particularisme.

« Plus les habitants de l'Alsace se sentiront Alsaciens, plus ils se débarrasseront de l'esprit français. Une fois qu'ils se sentiront complètement Alsaciens, ils sont trop logiques pour ne pas se sentir aussi complètement Allemands. »

Bismarck s'est lourdement trompé, parce que plus les habitants de l'Alsace se sentirent Alsaciens, moins ils se sentirent Allemands.

Puis en parlant de la constitution à donner à l'Alsace-Lorraine, il dit encore :

« Je vous prierai de ne pas aborder ces délibérations avec la prétention de faire une œuvre pour l'éternité, ni avec l'idée que, dès maintenant, vous pouvez donner à l'Alsace-Lorraine une organisation définitive.

« Je vous demanderai de vouloir bien suivre en ceci la méthode empirique et de considérer les choses comme elles sont et non pas comme il serait, peut-être, désirable qu'elles fussent. Quand on n'a rien de mieux à mettre à la place d'une chose qui ne vous plaît pas absolument, ma conviction est qu'il vaut toujours mieux laisser les événements eux-mêmes exercer leur influence, et se laisser guider par eux. Or comme les gouvernements confédérés ont acquis ces pays par leurs efforts réunis, il faut aussi que leur possession soit commune, ce sont là des faits qui s'imposent à nous, mais dont les conséquences pourront être modifiées selon nos besoins et selon les besoins des parties intéressées en Alsace et en Lorraine. »

Le Reichstag accepta la manière de voir de Bismarck.

La constitution de l'Alsace-Lorraine se développa lente-
mènt; et le chancelier, avec son hypocrisie habituelle,
fit preuve d'abord d'une certaine générosité, pour ne
pas effaroucher une confédération de princes souverains
et de villes libres dont l'asservissement à la Prusse
n'était pas encore complet. Plus tard, quand il put compter sur la servile docilité de la Confédération et fut
convaincu de l'intransigeance des sentiments des Alsaciens-Lorrains, il caressa d'autres projets.

L'administration de l'Alsace-Lorraine subit donc, pendant l'annexion, d'assez nombreuses variations qui se
classent de la façon suivante :

Régime de dictature dirigé par un gouverneur militaire assisté d'un commissaire civil.

Gouvernement exercé par une section spéciale de la
chancellerie impériale, à Berlin, qui déléguait à Strasbourg un résident chargé de l'exécution des ordres et
décoré du titre pompeux de président supérieur.

Institution, en 1874, d'une assemblée de trente membres (*Landesausschuss*) recrutés parmi les conseillers
généraux, et formant un simple comité consultatif qui
ne donnait des avis que sur les questions qui lui étaient
soumises.

Transfert à Strasbourg, en 1879, de toute l'administration alsacienne-lorraine, qui comprenait quatre
sections ministérielles dirigées par un secrétaire d'Etat

et un représentant de l'empereur, le *statthalter*. En même temps, le *Landesausschuss* devint une sorte de parlement jouissant de quelques-unes des prérogatives accordées aux assemblées législatives. Cette organisation fonctionna tant bien que mal pendant plus de trente ans, jusqu'en 1911, date à laquelle entra en vigueur une nouvelle constitution.

J'ajouterai encore que dès 1873, les Alsaciens-Lorrains obtinrent la faculté d'envoyer des députés au Reichstag, et on connaît l'usage admirable que les représentants du pays firent de leur mandat, lorsque, pour la première fois, ils siégèrent à Berlin et que, par la voix de M. Teutsch, ils protestèrent contre l'annexion.

Telles sont les différentes phases par où passa l'administration alsacienne-lorraine. Les institutions, on le voit, se sont progressivement modifiées; elles se sont, avec le temps, certainement perfectionnées et auraient même fini par devenir acceptables si elles n'avaient pas été rendues odieuses par le principe qui les créa; leur origine même était la cause de la méfiance qu'elles inspiraient; et, en réalité, c'est moins contre le régime que contre le choix, l'esprit et la nationalité des fonctionnaires chargés de l'appliquer que se dirigeaient les incessantes récriminations des Alsaciens-Lorrains, qui ne voulant rien savoir de l'Allemagne, ne purent s'intéresser à ce qui venait d'elle. Et quand à la séance du 3 mars 1874 les députés alsaciens-lorrains au Reichstag demandèrent la suppression de la dictature et de l'état de siège, Bismarck put leur répondre :

« Le gouvernement français est certainement mieux qualifié que nous pour connaître le traitement politique qui convient à ses nationaux, et jusqu'ici, pourtant, il ne croit pas pouvoir se passer de l'état de siège. A l'heure qu'il est, vingt-huit départements s'y trouvent encore soumis, et, entre autres, les plus peuplés et les plus importants. J'en ai, sous les yeux, la liste officielle (et il cita Paris, Versailles, Melun, Blois, Orléans... le Havre, Limoges, Marseille). Or, continuat-il, le Gaulois est, en général, plus facile à gouverner que le Germain, et par conséquent, je crois, le Français plus que l'Alsacien. Je ne doute donc pas le moins du monde que si le vœu que ces messieurs ont exprimé dans leur permière motion de redevenir Français (il s'agit de la motion Teutsch) était exaucé, ils se trouveraient tout aussitôt placés sous le régime complet de l'état de siège, tout comme le sont les vingt-huit départements français dont j'ai parlé; et cet état de siège serait certainement moins humain que celui que nous leur appliquons parce qu'il aurait pour sanction Lambessa ou la Nouvelle-Calédonie. » (*Vive hilarité.*)

C'est d'ailleurs toujours sur un ton de raillerie hau-

taine et de persiflage que Bismarck traitait publiquement les affaires d'Alsace-Lorraine. Comme s'il eût
voulu exaspérer l'amour-propre des Alsaciens et leur
rendre plus douloureux le joug allemand, il savait donner à sa manière une affectation de dédain des plus
blessantes pour des hommes qui mettaient tout leur
cœur dans la revendication de leurs droits et dans l'ex-
position de leurs griefs.

S'adressant aux prêtres catholiques Winterer et Si-
monis, qui avaient fait quelques observations sur la
manière dont était compris l'enseignement public en
Alsace-Lorraine, Bismarck dit :

« L'enseignement scolaire en usage jusqu'ici en Alsace était influencé par des hommes qui, pour mieux
assurer leur domination, avaient intérêt, je ne dirai
pas à abêtir la jeunesse, mais à empêcher qu'elle ne
devînt trop intelligente. »

Et cette boutade, comme à l'ordinaire, ne manqua
pas, selon les comptes rendus officiels, d'exciter une
vive hilarité, accompagnée de quelques discrètes déné-
gations au centre.

Une autre fois, faisant allusion au passé français de
l'Alsace-Lorraine, il dit :

« Ce pays a certainement fourni à la France, pour
ses guerres, — et c'est là un témoignage d'honneur, —
ses meilleurs soldats, et, même, ses meilleurs sous-

officiers; et Dieu veuille que nous apprenions encore à apprécier, de la même façon, les Alsaciens-Lorrains quand nous verrons leurs enfants confondus avec les nôtres dans les mêmes rangs. »

Traiter de sous-officiers nos Kléber, nos Rapp, nos Kellermann, nos Lefebvre n'était-ce pas vilipender ce que notre légitime orgueil national estimait le plus? Et exprimer l'espoir de voir les Alsaciens-Lorrains se battre vaillamment contre la France n'était-ce pas porter un défi à nos sentiments?

Ces quelques exemples suffiront, je pense, pour illustrer la manière officielle de Bismarck, et pour faire voir tout ce qu'il y avait de cruel dans l'âme de cet implacable homme d'Etat.

L'Administration du maréchal von Manteuffel

Mais si le chancelier n'hésita jamais à donner des signes évidents de sa malveillance, le premier statthalter, par contre, que l'empereur Guillaume donna à l'Alsace-Lorraine, en 1879, fut animé des meilleurs sentiments, et laissa, dans le pays, de bons souvenirs. C'était le feld-maréchal von Manteuffel qui, en dépit de son nom terrible, cherchait toujours à se conduire en galant homme, plutôt qu'à se montrer insolent et brutal, comme il aurait pu le faire, et comme on lui reprocha plus tard, à Berlin, de ne l'avoir pas fait.

Pour indiquer la différence qui existait entre Bismarck et Manteuffel — qui d'ailleurs ne s'entendaient pas — il suffira, après avoir cité les discours du chancelier, de citer aussi un discours du maréchal.

Voici, par exemple, comment il s'exprimait le 15 octobre 1879, lorsqu'il s'adressa aux corps constitués de la Lorraine, à l'occasion d'un voyage à Metz :

« Je ressens, dit-il, combien il doit vous être pénible d'être séparés de la France si distinguée par son génie et sa vie spirituelle; mais maintenant que vous appartenez à l'Allemagne, attachez-vous à elle franchement et loyalement, sans arrière-pensée. Unissons-nous dans une pensée commune pour travailler dans l'intérêt et pour le bien-être de ce pays, car je serai moi-même impuissant tant que les Alsaciens-Lorrains ne voudront pas m'aider dans ma tâche. »

Puis, continuant, il dit encore :

« Je viens de recevoir, tout à l'heure, une lettre que voici, et dans laquelle on me dit que je ne dois pas me donner la peine de faire la cour aux Alsaciens-Lorrains, attendu que ce serait en vain. Eh bien, messieurs, je l'avoue, et malgré les avertissements de cette lettre, je veux faire la cour aux Alsaciens-Lorrains, parce que j'apprécie leurs sentiments... et je réitère mon vœu de voir s'établir entre nous une confiance réciproque qui contribuera à la prospérité du pays. »

Ce sont là, certes, de nobles paroles et qui contrastent agréablement, par leur affabilité, avec celles qu'aimait à prononcer Bismarck. Et si le maréchal n'arriva à rien ou à peu de chose c'est vraiment que les Alsaciens-Lorrains, tout en étant sensibles aux bons procédés, n'entendaient pas laisser fondre à la chaleur bienfaisante d'un discours les sentiments hostiles et douloureux qui les animaient. C'est, en effet, inutilement — la lettre avait raison — que Manteuffel fit la cour aux Alsaciens-Lorrains, et à la fin de sa carrière, il se crut obligé ou plutôt il se vit contraint par Berlin de prendre des mesures de rigueur qui répugnaient à sa nature.

Bismarck rendit à la cause française, en Alsace-Lorraine, le signalé service de contrecarrer les bons effets que la bienveillance du statthalter aurait peut-être, à la longue, fini par obtenir. En se montrant brutal, Bismarck ne faisait que surexciter les regrets qu'avait fait naître la séparation, et empêcha certainement l'Alsace-Lorraine de se laisser séduire par la politique aimable de Manteuffel.

Par duplicité politique, autant que par rancune personnelle, Bismarck voulut faire échouer la mission que s'était donnée le statthalter d'amener, par la douceur, les Alsaciens-Lorrains à reconnaître le nouveau régime. C'est une Alsace-Lorraine irritée et mécontente qu'il fallait à Bismarck, et non une Alsace-Lorraine tranquille et résignée. Le prince Hohenlohe ne dit-il pas dans ses *Mémoires* qu'il lui sembla parfois qu'on ait voulu pousser les Alsaciens-Lorrains à la révolte pour pouvoir en finir avec eux d'un seul coup? Et pour entretenir ce mécontentement propice à son jeu, Bismarck sut entourer le statthalter de collaborateurs hypocrites qui s'ingénièrent à appliquer, de la manière la plus rigoureuse, les mesures les plus arbitraires, alors que Manteuffel recommandait de mettre de la délicatesse à appliquer des mesures de bienveillance.

Bismarck laissa le statthalter s'enfoncer dans ses utopies humanitaires, mais sut à tel point combattre l'action du maréchal, que le mécontentement allait chaque jour grandissant, que les élections au Reichstag donnaient toujours de formidables majorités aux députés protestataires, et que le mouvement autonomiste qui venait de prendre naissance fut lui-même balayé par l'opinion publique, qui ne tarda pas à le démasquer et à ne voir en lui qu'une triste comédie dont je vais tâcher de dénouer l'intrigue.

L'Autonomie et les premiers Autonomistes

Qu'est-ce donc que l'autonomie?

Pour provoquer le mouvement d'opinion qui devait aboutir à l'octroi de la constitution de 1879 et à l'arrivée à Strasbourg du maréchal Manteuffel, le gouvernement commença, vers 1876, à circonvenir quelques Alsaciens-Lorrains qui se laissèrent séduire par de fallacieuses promesses et qui, heureux de prendre de l'importance, se firent les champions de l'autonomie de l'Alsace-Lorraine.

Il est vrai que, beaucoup plus tard, d'autres Alsaciens-Lorrains ont demandé, eux aussi, l'autonomie, sans, pour cela, passer pour des créatures de l'administration impériale. C'est que les conditions étaient bien différentes, et bien différent, aussi, l'esprit dans lequel les deux propositions furent faites. Le mouvement que voulurent créer les autonomistes de 1876: MM. Schneegans, Jules Klein et quelques rares autres, était singulièrement prématuré et intempestif. Pour l'immense majorité des Alsaciens, le mot autonomie, lui-même, était alors vide de sens, et ne correspondait qu'à de vagues idées d'affranchissement dont personne n'était capable de préciser la portée. Et si aujourd'hui encore il existe à ce sujet des idées erronées, on ne saurait s'étonner qu'en 1876, la notion d'autonomie ne représentât rien de bien précis.

C'est ainsi qu'on a parfois confondu l'autonomie avec la complète indépendance, et bien des personnes, jusque dans ces derniers temps, ont pensé que les autonomistes alsaciens-lorrains voulaient, purement et simplement, que leur pays devînt un pays indépendant comme la Belgique ou la Suisse, un pays se gouvernant lui-même, et complétant, entre la France et l'Allemagne, la chaîne des Etats tampons. Et c'est à dessein que je me sers de ce mot, puisque le rôle du tampon n'est pas d'empêcher le choc, mais de le recevoir le premier. L'exemple de la Belgique le fait bien voir.

Or l'indépendance, l'Alsace-Lorraine à elle seule était incapable de l'obtenir; et si par hasard elle avait pu, à ce point, modifier son régime politique, ce n'est pas son indépendance qu'elle eût demandée, mais son retour à la France. Par autonomie alsacienne-lorraine, il faut donc entendre le gouvernement de l'Alsace-Lorraine par elle-même dans la mesure où cela était compatible avec la constitution de l'empire allemand à qui la France l'avait cédée, ou, en d'autres termes, l'assimilation pleine et entière de l'Alsace-Lorraine aux Etats composant la Confédération germanique, cette assimilation étant basée sur le principe qu'une égalité de devoirs entraîne aussi une égalité de droits.

Je compte revenir plus tard sur la manière dont évolua l'idée autonomiste en Alsace-Lorraine; pour le moment il me suffit de dire que cette idée fut soulevée pour la première fois vers 1876 et probablement suggérée par l'administration allemande elle-même.

Mais dans quel but?

D'abord, il s'agissait de réaliser, du moins en apparence, les promesses qui avaient été faites à l'Alsace-Lorraine de lui donner un régime que la France n'aurait jamais été à même de lui procurer. Tout en l'érigeant en *Reichsland*, on lui avait annoncé que, par le jeu naturel de ses institutions, elle arriverait à prendre une véritable importance politique et administrative, et qu'elle serait affranchie de cette tutelle rigide que la France, fortement centralisée, imposait à ses départements. Le régime allemand, permettant une plus grande latitude dans l'application des principes gouvernementaux, devait ouvrir à l'Alsace-Lorraine une ère où pourrait s'épanouir ses aspirations pourvu, naturellement, qu'elles fussent conciliables avec les intérêts de l'Empire.

Et à ces magnifiques promesses, il fallut bien, à un moment donné faire honneur; mais au lieu de les réaliser directement, comme on aurait pu et dû le faire, on trouva ingénieux de chercher à procurer quelque popularité aux Alsaciens qui s'étaient ralliés au nouveau régime, en faisant d'eux les artisans des perfectionnements constitutionnels possibles, et on leur souffla dans l'oreille l'idée de l'autonomie.

Le peuple alsacien, je l'ai déjà dit, ne se laissa pas prendre à cette comédie, et ne voyant en MM. Schneegans, Jules Klein et autres, que de vulgaires ambitieux, refusa de les prendre au sérieux et leur retira même son estime. Et cependant, pour concilier à M. Schneegans, qui s'était fait, au Reichstag, le promoteur de l'idée autonomiste, la faveur de la population alsacienne, Bismarck eut recours à un singulier stratagème : il lui reprocha, dans la réponse qu'il fit à son discours, d'avoir manifesté des sentiments trop francophiles, pensant que c'était le meilleur moyen d'augmenter la popularité de Schneegans en Alsace.

« Je ne nierai pas, dit en effet Bismarck, que le discours de M. Schneegans n'ait, en général, fait sur moi une bonne impression. Cette impression, toutefois, eût été meilleure encore si l'orateur s'était abstenu, vers la fin de son discours, d'adresser à Paris un certain appel qui ne saurait trouver d'écho ici, et s'il n'avait pas présenté sa patrie comme une sorte de pays neutre où les sympathies pour la France ont le droit de se manifester au même titre que les sentiments favorables à l'Allemagne. Nous ne pouvons accepter un amour divisé. »

Il est peu probable que M. Schneegans se fût permis la tirade à laquelle Bismarck fait allusion, s'il n'avait pas, d'avance, été sûr que le chancelier saurait en tirer bon parti.

La possibilité d'entrer dans la voie des réalisations et de réclamer l'exécution des promesses faites, fut donc le prétexte dont se servit le gouvernement impérial pour faire demander par M. Schneegans l'autonomie de l'Alsace-Lorraine. Et ce prétexte eût peut-être, en effet, paru suffisant à une administration estimant que la plus grande habileté consiste à se montrer généreuse après la victoire. Mais une pareille pensée n'a jamais inspiré la politique prussienne, et à côté de cette première considération, s'en placèrent d'autres, qui furent inspirées par un sentiment tout différent.

Le chancelier ne songea pas un instant à se laisser guider par la nécessité de tenir des promesses faites — une telle préoccupation n'était pas dans ses habitudes.

Il songea tout simplement pouvoir se servir de l'idée autonomiste pour réaliser divers desseins qu'il avait successivement conçus : un dessein officiel dont, sans doute, il s'ouvrit dans les Conseils de l'Empire, et un dessein secret, mais dont pouvons aisément percer le mystère.

Ce dessein officiel consistait — on ne saurait trop le répéter — non pas à donner satisfaction aux Alsaciens-

Lorraine en leur conférant une plus large indépendance politique, mais à leur faire croire qu'ils recevaient un commencement de satisfaction par le transfert de Berlin, à Strasbourg, de l'administration du *Reichsland*. La Constitution de 1879 ne fit qu'installer à Strasbourg, sous la direction du Statthalter, les bureaux d'Alsace-Lorraine jusqu'alors placés à Berlin, sous la direction du Chancelier. Et encore Bismarck se montra-t-il si jaloux de ses prérogatives qu'il ne consentit pas à renoncer, en faveur du représentant de l'Empereur, à tous les droits que la Constitution lui avait donnés en Alsace-Lorraine; et de là provient cette situation si mal définie qui fit du Statthalter non seulement un lieutenant impérial, mais une sorte de premier ministre dépendant du Chancelier.

Or, pratiquement, quel but atteignit-on par l'établissement à Strasbourg du siège apparent du gouvernement?

Il suffira de répondre à cette question pour découvrir la pensée qui inspira le Chancelier et qu'il n'eut sans doute aucune peine à faire accepter par le Conseil fédéral.

En transférant dans la capitale de l'Alsace-Lorraine les services ministériels, on leur donnait évidemment la facilité d'étudier de plus près les hommes et les choses du pays, et d'employer immédiatement leur influence soit pour conduire les événements, soit pour suborner les consciences.

La population alsacienne-lorraine n'était-elle pas, de cette façon, placée directement sous la surveillance et sous l'action d'un personnel administratif recruté avec un soin particulier, et destiné à agir énergiquement dans le sens qui lui serait indiqué? Lorsqu'à côté des préfets, des sous-préfets et des officiers de justice viendrait s'aligner la file des conseillers ministériels de tout ordre chargés de donner des avis et de faire sentir directement au public le pouvoir de leur bienveillance ou le poids de leur mauvaise humeur n'arriverait-on pas à exercer une influence décisive sur l'esprit du peuple alsacien?

Il n'en fallut pas davantage pour décider de la question, sans compter que grâce à cette ingénieuse façon de comprendre l'autonomie l'Allemagne reprenait d'une main ce qu'elle donnait de l'autre. L'administration de l'Alsace-Lorraine était, il est vrai, transférée à Strasbourg, mais, en même temps, on la confiait à des Allemands venus de toutes les parties de l'Empire et qui, fixés dans le *Reichsland,* firent l'apprentissage du Pangermanisme pratique, et eurent le droit de se dire Alsaciens-Lorrains, c'est-à-dire de devenir électeurs, voire même éligibles, et ils ne manquèrent pas, on le verra plus tard, d'user largement de ces deux qualités.

En présence de ce mouvement pseudo-autonomiste que, sur l'instigation de Bismarck. M. Schneegans avait mis en branle, les Alsaciens-Lorrains qui ne s'attendaient à rien de bon pour l'Allemagne, se contentèrent de secouer la tête; répétant la parole du vieux Calchas, ils dirent :

...*Timeo Danaos et dona ferentes*
et firent un accueil plus que froid à la réforme constitutionnelle que leur valut l'intervention par trop opportuniste de leur député. Le certificat de francophilie que, pour les besoins de la cause, lui avait donné Bismarck, ne suffit pas pour réhabiliter M. Schneegans aux yeux de ses électeurs, car ils ne lui renouvelèrent pas son mandat au Reichstag; et, pour le dédommager de son échec, Bismarck, qui l'avait compromis, lui donna le poste de consul d'Allemagne à Messine.

Cette compensation peut être regardée comme la preuve du complet accord qui existait entre les acteurs alsaciens de cette triste comédie, et son metteur en scène : le tout-puissant chancelier.

La réforme constitutionnelle de 1879 n'eut donc, en réalité, d'autre but que d'introduire en Alsace-Lorraine un levain plus énergique de germanisation.

Le plan de Bismarck

Bismarck, d'ailleurs, était trop bien renseigné sur les choses d'Alsace-Lorraine pour croire, un seul instant, que les Alsaciens se contenteraient du pauvre cadeau qu'il leur faisait; et il escompta même leur mécontentement et la bonne volonté du maréchal Manteuffel, pour arriver à réaliser d'autres projets dont l'exécution exigeait une certaine préparation de l'opinion publique.

Ces projets, il nous les découvre en partie dans le discours du 21 mars 1879 qu'il fit en réponse à celui de Schneegans, et dans lequel il dit ceci :

« La première question qui se pose est celle de savoir si l'on a eu raison et s'il est avantageux de persister à réunir l'Alsace et la Lorraine en un seul pays avec une administration commune aux deux provinces. *Je considère cette question comme ouverte.* L'homogénéité de l'ensemble souffre réellement de cette fusion. Il est possible que l'Alsace, séparée de la Lorraine, arrive plus vite et plus facilement à se consolider que si on continue à lui accoupler l'élément hétérogène lorrain, et il n'est, d'ailleurs, pas impossible d'établir un gouvernement spécial pour chacune de ces deux provinces. »

Et il ajoute :

« J'avouerai toutefois que cette question demande à être examinée avec le plus grand soin sous les rapports politique et militaire; et je n'ai pas l'intention d'exprimer un avis favorable à ce sujet, avant de savoir ce qu'en pensent les gouvernements confédérés. »

Que signifient ces paroles tour à tour affirmatives et prudentes où Bismarck, en même temps qu'il émet son opinion, affecte, avec son habituelle habileté, de la soumettre à l'approbation des puissances de la Confédération, comme s'il n'était pas sûr d'avance d'obtenir cette approbation dans le cas où il jugerait opportun de la demander?

En parlant de la sorte, le chancelier qui n'avait pas l'habitude de perdre son temps en paroles inutiles, ne voulait-il pas préparer l'opinion publique à l'idée qu'une dislocation de l'Alsace-Lorraine faciliterait la germanisation du pays et simplifierait l'action gouvernementale?

Et pour savoir comment il convient d'entendre cette dislocation que Bismarck reconnaissait possible, il faut se souvenir que l'historien von Treitschke, après avoir dit que « nul peuple, plus que le peuple allemand, n'avait pratiqué l'amour du prochain », ce qui est vrai, pourvu que l'on entende l'amour du prochain comme un enfant entend l'amour des confitures, ajouta qu'il eût souhaité que l'Alsace-Lorraine, au lieu d'être érigée en Reichsland, fut purement et simplement in-

corporée à la Prusse, parce que, dit-il, seule, la Prusse
est en état d'accomplir la tâche difficile, et qu'il faut
confier à des mains expertes la mission de ramener à
l'Allemagne des pays qui lui étaient devenus étrangers. N'est-ce pas, en effet, la Prusse qui a arraché les
Prussiens eux-mêmes à la Pologne, les Poméraniens à
la Suède, les Frisons à la Hollande, les Rhénans à la
France? N'est-ce pas elle, par conséquent, qu'il eût
fallu charger de reconquérir à l'Allemagne les Alsaciens-Lorrains? »

Bismarck dont on peut dire qu'il était si complètement imprégné du génie de l'aristocratie prussienne
qu'il en semble la parfaite incarnation, Bismarck devait
évidemment partager, à ce sujet, les idées de Treitschke
qui, quoique Saxon d'origine, voyait cependant dans la
Prusse, la seule puissance qui réalisât, à peu près complètement, l'idéal qu'on doit se faire de l'Etat; et, vers
1879, après les expériences qui avaient été faites, il
jugea peut-être que le moment était venu de réaliser
les projets de Treitschke et les siens.

Bismarck, en somme, n'était pas pangermaniste —
son attitude vis-à-vis la politique coloniale le démontre
— et ce qui l'inquiétait, c'était moins l'Empire luimême que la Prusse. Il espérait pouvoir si bien, un
jour, confondre les intérêts de l'Empire avec ceux de
la Prusse, que l'Allemagne tout entière ne serait plus

qu'une Prusse revue, corrigée et surtout considérablement augmentée.

Entré, comme représentant de la Prusse, à la Diète dé Francfort, Bismarck y siégea de 1851 à 1859, et, ne songeant qu'à travailler à l'honneur de son roi, à la prospérité de sa Prusse, et à la prépondérance de sa caste de hobereaux, il fortifiait en lui, peu à peu, l'idée que seul, le peuple prussien, convenablement entraîné et stylé, pouvait l'aider à débarrasser l'Allemagne d'abord de l'influence cléricale de l'Autriche; puis de l'influence politique de la France napoléonienne qui était encore considérée comme la créatrice de l'unité nationale allemande.

Et cette œuvre immense que Bismarck avait rêvé d'accomplir pour la plus grande gloire de la Prusse, il la mena à bonne fin et en conserva la direction jusqu'au moment où la semence qu'il avait jetée dans l'âme allemande donna des moissons tout à fait imprévues puisqu'elle fit lever les théoriciens du *Deutschland über alles*, qui, ne voyant en Bismarck qu'un Prussien dont la mission était accomplie, résolurent de réaliser enfin l'Allemagne intégrale.

L'idée que, sournoisement, entretenait Bismarck était donc de faire de l'Alsace-Lorraine une province prussienne; et l'attitude que prirent les Alsaciens-Lorrains vis-à-vis de l'autonomie sollicitée par Schnœgans, et

leur mécontentement persistant malgré la bienveillance
évidente que leur témoigna Manteuffel faisaient absolument l'affaire du chancelier. Bismarck se réservait, à
un moment donné, et à la suite des incidents dont le
Reichsland ne cessa d'être le théâtre grâce à la brutalité voulue des fonctionnaires, de faire une nouvelle déclaration où il aurait pu dire :

« Sont-ils dignes d'avoir un gouvernement vraiment
autonome, avec voix délibérative au Conseil fédéral, et
au même titre que les Etats allemands authentiques,
ces Alsaciens et ces Lorrains qui, chaque fois que l'occasion s'en présente, donnent des preuves si manifestes
de leur mauvais vouloir et qui refusent systématiquement de répondre à toutes les avances qu'on leur fait?

« Dieu sait, cependant, pouvait encore ajouter le
chancelier, sur ce ton gouailleur qui lui était habituel,
Dieu sait, cependant, si l'Allemagne s'est montrée
bonne pour l'Alsace-Lorraine! Le feld-maréchal Manteuffel, que S. M. l'empereur, dans sa haute bienveillance, y avait envoyé, n'a-t-il pas, avec son habituelle
bonne grâce essayé de l'amener à lui? Ce grand
homme de guerre ne s'est-il pas dépensé envers elle en
constante amabilité, au point de lui dire qu'il mettait
sa vanité à lui faire la cour? Et le résultat? Le résultat, c'est que les Alsaciens-Lorrains, se sentant en-
hardis par ces prévenances, n'ont fait qu'abuser des

bontés qu'on leur prodiguait, et qu'il est nécessaire aujourd'hui de les ramener au sentiment de leurs devoirs, quand ça ne serait que pour montrer que l'Allemagne, consciente de sa force, bien que patiente, entend se faire respecter. »

Et alors, de ce beau discours, la conclusion s'imposerait avec évidence, et la voici :

« Que l'Allemagne ne continue donc pas à être la victime de sa trop grande prévenance. Il s'agit du repos et de la sécurité de l'Empire. Les Alsaciens, aussi bien que les Lorrains, sont indignes d'une autonomie qui leur a été trop généreusement offerte et dont ils ne veulent même pas. Pour leur faire abandonner l'espoir de jamais obtenir une faveur dont ils refusent d'apprécier la valeur, il n'y a qu'un parti à prendre, c'est de convertir purement et simplement leur pays en province prussienne. »

Conséquences du premier mouvement autonomiste

Telle est la genèse et, sans doute, le véritable sens qu'il faut attribuer à la *question* antonomiste de ce temps-là. Plus ou moins habilement soulevée par Bismarck qui s'était assuré le concours de quelques Alsa-

cions ambitieux, l'autonomie devait, dans l'esprit de
son promoteur, entraîner plusieurs conséquences :

d'abord avoir l'air de réaliser les promesses allemandes, tout en n'accordant rien;

puis entretenir le mécontentement des Alsaciens-Lorrains que le chancelier et ses collaborateurs en Alsace
avaient intérêt à maintenir en état d'exaspération;

enfin rendre possibles des pourparlers ultérieurs tendant à faire du *Reichland,* terre germanique, une terre
prussienne.

De ces résultats qu'on se promettait, les deux premiers seuls furent obtenus, résultats purement négatifs
d'ailleurs, faits de duperie et de méfiance. Le troisième
ne se réalisa pas; mais la question de la réunion de
l'Alsace-Lorraine à la Prusse fut reprise dans ces derniers temps, les pangermanistes qui l'avaient mise dans
leur programme, lui rendirent une nouvelle actualité et
semblaient décidés à ne plus la laisser s'assoupir.

La machination autonomiste qui valut à Schnéegans
son poste de consul d'Allemagne à Messine amena
aussi la création de la *Strassbuger Post,* organe attitré
des fonctionnaires allemands attachés à l'administration de l'Alsace-Lorraine, et on sait dans quel esprit
ce journal fut rédigé.

De ces deux résultats, le premier est de mince importance : un renégat trouvant la récompense de sa

trahison est un fait trop banal pour qu'on s'y arrête;
mais le second, la création de la *Strassburger Post*, est
de plus grande valeur, parce que la lecture attentive
de ce journal permettra aux historiens de l'avenir de
se faire une idée de la mentalité des administrateurs
que l'Allemagne envoyait en Alsace-Lorraine, et de découvrir les raisons qui donnèrent à un million et demi
d'hommes résolus à défendre leurs droits le courage de
tenir tête à un empire de soixante millions d'habitants.

Et pendant que se manigançaient ces louches intrigues, où quelques Alsaciens-Lorrains consentirent à
jouer un rôle plus que douteux, le peuple alsacien-
lorrain continuait à se montrer intraitable, et s'obstinait
dans son opposition systématique. Et rien ne révèle
mieux l'état d'esprit des Alsaciens-Lorrains que les
chiffres suivants : sur 40.833 jeunes gens faisant partie
de la classe 1878 — nés par conséquent en 1858 —
4.822 seulement comparaissaient devant l'autorité militaire; les autres furent condamnés par contumace ou
avaient disparu sans que la police ait jamais pu découvrir ce qu'ils étaient devenus.

En 1879, l'année même où se discutait au Reichstag
la question de l'autonomie, les résultats furent les mêmes : sur 40.874 conscrits, 4.628 seulement purent
être incorporés; les autres avaient émigré sans autorisation, ou n'avaient pu être retrouvés : leur séjour,

disent les statistiques, étant resté inconnu.

Ces chiffres ont bien leur éloquence, et en disent plus long sur les sentiments des Alsaciens-Lorrains que les tirades officielles de la *Strassburger Post* sur les beautés du nouveau régime, et sur le loyalisme. des Alsaciens.

Pendant toute cette période si triste de son histoire, l'Alsace-Lorraine tourna dans un cercle vicieux : c'est parce qu'on la maltraitait qu'elle se montrait indocile; et plus elle se montrait indocile, plus on la maltraitait. Le maréchal Manteuffel aurait bien voulu débarrasser la situation de cette redoutable alternative, mais il n'y parvint pas, et l'Alsace-Lorraine resta pieds et poings liés, livrée à l'arbitraire d'une administration avide qui prétendait que, seule, la manière forte pouvait être de mise à l'égard d'une population qui ne voulait rien savoir de l'Allemagne. Et c'est pour donner satisfaction aux exigences de cette administration que l'article 2 de la loi du 4 juillet 1879 sur la constitution d'Alsace-Lorraine transmettait au statthalter les pouvoirs extraordinaires conférés au président supérieur par l'article 10 de la loi du 30 décembre 1871 ; et cette loi elle-même s'était servie de la loi française du 9 août 1849 pour attribuer à l'autorité civile des pouvoirs qu'en France l'état de-siège ne permettait de conférer qu'à la seule autorité militaire.

C'est donc bien à tort que Bismarck, dans le discours que j'ai cité, faisait un rapprochement entre le régime français de l'état de siège, appliqué en France par des officiers français, et ce même régime appliqué en Alsace-Lorraine par des fonctionnaires allemands, et il n'est pas nécessaire d'insister pour faire ressortir la différence des situations.

Mais Bismarck était le maître, il avait donc raison; l'Alsace-Lorraine était la vaincue, donc l'esclave.

Et comme pour montrer le peu de cas qu'on faisait, à Berlin, des velléités bienveillantes du maréchal Manteuffel, on l'obligea à changer sa manière et à ordonner des suppressions de journaux, des dissolutions de sociétés et autres mesures de basse justice. C'est sans doute la mort dans l'âme qu'il y souscrivit, mais, quoique nous sachions que la mort dans l'âme ne fait jamais mourir, le maréchal Manteuffel mourut cependant, mais de maladie, et fut remplacé en 1884 par le prince Hohenlohe-Schillingsfurst — ce qu'on pourrait traduire par Hohenlohe, prince de quatre sous — qui avait été pendant de longues années ambassadeur d'Allemagne à Paris.

Révoltes et Répressions

Je ne ferai pas le portrait de ce nouveau personnage trop connu, mais qui aurait mérité de rester toujours ignoré. Sous son régime comme sous celui de son successeur et cousin le prince de Hohenlohe-Langenbourg, les fonctionnaires furent les maîtres incontestés de la place, et la situation ne fit, naturellement, qu'empirer.

Le mécontentement général éclata de la façon la plus inattendue et la plus remarquable, en 1887, par l'élection au Reichstag de M. le docteur Sieffermann, élection admirable enlevée de haute lutte sans aucune préparation et avec une immense majorité.

Il s'agissait de combattre un de ces hommes qui s'étaient ralliés au nouveau pouvoir, M. Hugo Zorn de Bulach. En quatre jours, M. Sieffermann, aidé de quelques amis, et n'étant parvenu ni à faire imprimer ses proclamations, ni à faire distribuer ses bulletins de vote, sut entraîner la population de son arrondissement dans un admirable élan, et la soulever dans une unanime indignation contre le candidat officiel déjà sûr de la victoire.

Cette élection eut un immense retentissement en Allemagne, car elle affirmait, une fois de plus, la volonté bien arrêtée des Alsaciens-Lorrains, de ne pas se plier sous la loi du vainqueur. Mais elle devint aussi l'occasion de nouvelles et plus terribles représailles : feignant de croire à l'existence d'un complot qui compromettait la sûreté de l'Etat, Hohenlohe, grâce au pouvoir dictatorial dont il était investi, n'hésita pas à recourir à tous les moyens que mettent en usage les gouvernements aux abois. M. Antoine, député de Metz au Reichstag, fut banni du territoire de l'Empire; et un autre député, celui de Mulhouse, l'honorable M. Lalance, devint l'objet d'un chantage éhonté, car le gouvernement déclara, purement et simplement, qu'il retirerait les facilités de l'admission temporaire à la maison d'impression que dirigeait M. Lalance, tant que celui-ci resterait à sa tête. Des mesures analogues avaient déjà été prises contre M. Kablé, député de Strasbourg et directeur général des Compagnies d'assurances françaises qui travaillaient en Alsace-Lorraine. Le gouvernement trouva ingénieux de priver M. Kablé de sa situation, en interdisant aux Sociétés françaises de continuer leurs opérations dans le pays. Puis des perquisitions furent opérées; des particuliers, accusés de haute-trahison, furent traînés devant la Cour suprême de Leipzig et impitoyablement condamnés, des journaux furent supprimés, des Sociétés dissoutes et des vexations de toutes sortes inventées pour maintenir l'Alsace-Lorraine sous la terreur. Et toutes ces mesures menaçantes furent prises après qu'un policier allemand, du nom de Zahn, se fut traîtreusement procuré une liste des membres alsaciens de la *Ligue des Patriotes*. Il en coûtait cher alors aux Alsaciens-Lorrains de posséder un exemplaire des *Chants du Soldat* ou un numéro du *Drapeau* : les mois de prison tombaient sur eux en rafale. Mais malgré tout, on espérait que le vaillant clairon de Déroulède finirait bien par être entendu, et par sonner et la charge et la victoire. Et cet espoir, hélas! ne devait se réaliser que près de trente ans plus tard; et Déroulède lui-même ne devait pas voir se lever le jour de gloire! Comme une sentinelle fidèle et vigilante, le poète avait, pendant toute sa vie, crié aux armes ! et il était mort à son poste alors que son incessant appel allait enfin secouer les torpeurs et réveiller les courages.

Parmi les Sociétés disoutes, il convient de mentionner la Sundgovia, réunion de jeunes Alsaciens qui faisaient alors leurs études à l'Université de Strasbourg, et qui étaient les premiers représentants de cette jeune génération dont, plus tard, la féconde activité imprima une orientation nouvelle à la résistance de leur pays aux idées allemandes.

Un des membres les plus actifs de la *Sundgovia* était M. Jacques Preiss, qui ne tarda pas à devenir un des plus brillants et des plus énergiques défenseurs de la cause alsacienne-lorraine, tant au Reichstag qu'au Landesausschuss.

M. Preiss enfermé, on le sait, dès le début de la guerre, dans une forteresse allemande, est devenu la victime des sentiments qui ont fait l'honneur de sa vie. Il est mort en mars 1916, sans avoir assisté à la réalisation de ses espérances les plus chères.

Une fois qu'il se crut autorisé, par la nécessité de prévenir des manifestations comme celle de l'élection de M. Sieffermann, à se lancer dans la voie des violences, le gouvernement d'Alsace-Lorraine ne s'arrêta plus. Feignant toujours de croire à d'imaginaires conspirations, il résolut d'isoler complètement l'Alsace-Lorraine de la France, et prit une mesure draconienne en exigeant, de tout voyageur qui de France voulait entrer en Alsace-Lorraine, un passeport revêtu du visa de l'ambassade d'Allemagne à Paris, visa qui, d'ailleurs, le plus souvent, était refusé.

Ce fut une façon de rendre sinon impossibles, du moins fort difficiles, les relations entre la France et l'Alsace-Lorraine, et les raisons les plus légitimes n'arrivaient pas à adoucir les rigueurs de l'administration.

Un exemple entre mille :

Un officier alsacien qui commande aujourd'hui une de nos glorieuses divisions, se vit refuser l'autorisation d'assister à l'enterrement de sa mère; mais son fils, âgé de quatre ou cinq ans, le représentait, et voici la scène émouvante à laquelle j'ai moi-même assisté, qui

se passa dans le petit cimetière de village où se dé-
roulait la triste cérémonie.

Quand le cercueil fut descendu dans la fosse, le
prêtre qui accompagnait l'enfant, le fit s'agenouiller
au bord de la tombe, et après l'avoir béni d'un signe
de croix sur le front, il lui dit : « Souvenez-vous, mon
enfant, de la grande injustice dont votre père est victime aujourd'hui. » Puis il l'embrassa. Et l'enfant n'a
pas oublié la recommandation du vieux prêtre dont il
avait reçu la bénédiction. Il est aujourd'hui un de nos
jeunes capitaines les plus distingués, blessé, décoré,
cité à l'ordre de l'armée et qui continue à donner,
comme son père, les plus beaux exemples de courage.

C'est de cette époque que datent les ordonnances les
plus stupides : les inscriptions françaises durent être
enlevées des boutiques, et c'est ainsi qu'un coiffeur
devint un friseur, qu'un salon de coiffure se vit tout à
coup transformé en *Frisir-Salon*, et que la saucisse et
la choucroute furent transformées en *Delikatessen*
(avec un k).

Les fonctionnaires, largement secondés par leur organe officiel la *Strassburger Post*, devinrent d'une ou-
trecuidance sans bornes, et, ne se contentant plus de
leur rôle d'administrateur, ils voulurent se faire nom-
mer députés au Reichstag; et après que l'un d'eux, un
sous-préfet, malgré la pression la plus éhontée, eût
été battu, au second tour de scrutin, par le maire de

Schelestadt, M. Spiess, ce dernier fut immédiatement révoqué de ses fonctions municipales. Dans le monde des affaires, quand on ne voulait pas se créer de gros ennuis et risquer d'être ruiné, il fallait courber l'échine et cesser toute opposition. De Berlin était venue la consigne d'avoir une poigne de fer. Mais les Alsaciens-Lorrains, qu'on semble avoir voulu pousser à bout, ne se révoltèrent pas, et acceptèrent la lutte en restant sur le terrain où les avait placés le traité de Francfort consenti par la France et dont ils étaient incapables de modifier, à eux seuls, les conditions.

Les Alsaciens-Lorrains ne firent, en somme, que régler leur conduite sur celle de la France elle-même, qui, à cette époque, semblait rester insensible à toutes les chicanes que l'Allemagne, comme à plaisir, ne cessait de lui susciter.

J'ai déjà parlé de la formalité si arbitraire des passeports, qui rendit impossible l'accès de l'Alsace-Lorraine à tous les Français que, chaque année, des relations de famille ou d'amitié y attiraient; la France se garda bien d'y répondre par des mesures analogues, et l'Alsace-Lorraine ne pouvait manquer de s'étonner de cette patience.

D'autres incidents qui se produisirent alors vinrent encore faire éclater la longanimité de la France et son désir de ne pas se laisser aller à des colères dont les suites auraient pu rapidement devenir irréparables. On se souvient de cette affaire Schnæbelé qui ne fut qu'un odieux guet-apens organisé pour faire tomber entre les mains d'agents allemands un fonctionnaire français dont le zèle gênait les sourdes menées allemandes. On n'a pas oublié, non plus, que, près du Donon, des chasseurs français eurent à essuyer les coups de feu de douaniers allemands, et qu'un des Français fut tué. Tous ces incidents ne provoquaient que de longs pourparlers qui, grâce à la prudence française, ne s'envenimèrent jamais.

On sentait alors que l'Allemagne, étonnée du rapide relèvement de la France, n'attendait qu'une occasion pour recommencer une opération qui lui avait si bien réussi en 1870. Elle se reprochait de n'avoir pas tiré de sa facile victoire d'alors tous les avantages qu'elle aurait pu en recueillir. Mais la France, de son côté, rendue circonspecte par les événements et sans alliances certaines, ne pensait pas que le moment fût déjà venu de se montrer irritable et vindicative; elle accumulait ses rancunes en laissant au temps le soin de les mûrir et d'en justifier l'explosion.

Espoirs et Déceptions

Pendant un instant, pourtant la France avait paru s'exalter, et vouloir sortir de sa résignation. Ce fut pendant l'ardente période où le général Boulanger, monté sur son cheval noir, excitait l'admiration populaire et semblait devoir ouvrir aux destinées de la Patrie une nouvelle ère de gloire. Bien des esprits généreux se laissèrent alors séduire par l'idée que l'heure était venue, et estimèrent, dans leur patriotique impatience, que les humiliations n'avaient que trop duré.

L'Alsace ne sut éviter l'universel enthousiasme qui acclamait le grand chef revenant de Longchamps à la tête des troupes, et attendit impatiemment que l'arrivée libératrice débouchât par les cols des Vosges.

Ce ne fut qu'un feu de paille qui, après avoir brillé un instant, s'éteignit en d'épaisses fumées ne laissant que le regret des lumineuses espérances perdues.

Et la France rentra dans son calme.

L'Alsace-Lorraine, avec un immense regret, en fit autant, et, sans se résigner, attendit des jours meilleurs. Elle non plus n'était encore ni armée, ni outillée pour la riposte. Du fait de l'émigration d'une partie notable de sa population, elle avait perdu ses meilleures forces. Il lui fallut patienter jusqu'au moment où une génération nouvelle, plus spécialement élevée pour entreprendre la lutte sur le seul terrain où elle était possible, fût prête à entrer, à son tour, dans l'arène, comme une seconde vague d'assaut, et à donner à la résistance une forme mieux appropriée aux circonstances.

Plus la situation se prolongeait, plus les Alsaciens-Lorrains durent se rendre à l'évidence que leur supplice n'était pas près d'être terminé.

Pendant plus de vingt ans, à chaque printemps, on vit les courages et les espérances se réveiller. Les hommes portant la barbiche grisonnante des combattants de 1870, se redressaient alors fièrement et racontaient avoir appris *de source sûre* que la France venait de reformer complètement son artillerie, qu'elle avait doublé ou triplé le nombre de ses canons et de ses fantassins, que les forts sortaient de terre comme par enchantement le long de la frontière, et que tout était prêt pour la grande revanche. L'offensive devait certainement éclater au cours des prochains mois d'été. Mais les mois s'écoulaient, à l'été succédait l'automne, à l'automne succédait l'hiver, et la grande revanche ne se produisait pas. Puis les barbiches elles-mêmes blanchissaient, les tailles se courbaient, mais jamais les cœurs ne faiblissaient, et c'était toujours et quand même pour l'été prochain...

Qui pourra jamais raconter les angoisses de ces mortelles heures d'attente qui lentement sonnaient au cadran de l'histoire sans jamais apporter le changement si ardemment attendu. La plupart de ceux qui nourrissaient ces décevantes mais magnifiques illusions n'assisteront pas au lever de l'aurore libératrice et vengeresse, mais leur indomptable confiance mérite d'être célébrée.

Honneur donc à tous ces braves gens qui jamais n'ont accepté l'idée que la France pourrait un jour perdre la conscience de sa grandeur et de sa dignité! Sans un seul instant de découragement, ils recommençaient laborieusement chaque année à rouler au haut de la montagne la lourde pierre de leurs espérances, sans s'apercevoir que le temps passait, sans se douter qu'ils vieillissaient et que leurs forces déclinaient; et quand arrivait pour eux le terme fatal où il leur fallait renoncer à toutes les préoccupations de ce monde, ils s'en allaient tranquillement en léguant à leurs fils, avec l'ardeur de leur amour pour la France éternelle, le trésor de leurs immortelles espérances.

CHAPITRE II

LA NOUVELLE GÉNÉRATION

Réveil de la Conscience nationale

Dans le précédent chapitre, j'ai cherché à établir le sens général que prit, jusque vers 1890, la résistance alsacienne-lorraine, et nous avons vu que pendant une période de près de vingt ans, les Alsaciens-Lorrains n'avaient fait preuve que d'une intransigeance méprisante et boudeuse que ni les tentatives des premiers autonomistes, ni les fureurs de l'administration n'avaient pu vaincre.

Mais à partir de 1890, et sous l'influence des événements eux-mêmes, la résistance prit une autre forme; des facteurs nouveaux fournirent aux sentiments du pays de nouveaux moyens d'action.

D'abord, l'idée de la revanche prochaine de la France commence à s'affaiblir, et l'opinion reconnaît qu'au train dont vont les choses il ne faut plus trop compter qu'une intervention armée viendra, à brève échéance, modifier le régime créé par le traité de Francfort, et cette constatation exerce nécessairement son influence non pas sur les espoirs eux-mêmes, qui restent inébranlables, mais sur la manière de tirer parti de la situation et d'envisager l'avenir.

En somme, c'est bien souvent en France même qu'il faut chercher les raisons déterminantes des idées alsaciennes; et les historiens qui, plus tard, s'attacheront à étudier cette période intéressante de la vie alsacienne-lorraine, ne devront jamais manquer d'examiner si ce n'est pas la politique française qui motiva telle ou telle fluctuation de la politique alsacienne; ils verront que la presse allemande s'emparait avec empressement de toutes les occasions qui se présentaient pour faire des comparaisons tendant à montrer aux Alsaciens-Lorrains que leurs sentiments n'étaient pas en accord avec leurs intérêts, soit matériels, soit moraux. Et cette réflexion que j'ai tenu à faire au début de ce chapitre nous permettra, plus d'une fois, de juger d'une façon moins sévère des actes qui, au premier abord, semblaient incompatibles avec ce que l'on se croyait en droit d'attendre des Alsaciens-Lorrains. Pour tout expliquer, il aussi savoir tout comprendre et ne pas envisager les choses avec le parti pris de les trouver bonnes ou mauvaises, selon qu'elles correspondent ou non à tel ou tel principe qu'on regardait d'avance comme inattaquable. Ce n'est qu'à cette condition qu'on fera preuve de cet esprit de justice qui, sans excuser ce qui est vraiment blâmable, sait pourtant accorder, quand il le faut, d'honorables circonstances atténuantes, et parfois même trouver de légitimes justifications.

Puis, en même temps que l'idée d'une revanche prochaine s'affaiblissait, de nouveaux motifs d'action s'affirmaient. Les Alsaciens-Lorrains, voyant qu'ils n'étaient que les humbles serviteurs de fonctionnaires à qui le budget du pays assurait de magnifiques appointements, se dirent que, pour leur argent, ils auraient peut-être le droit d'être gouvernés avec bienveillance, et de faire soumettre à un contrôle les manières par trop despotiques du gouvernement. N'ayant à leur disposition que la Constitution de 1879, ils résolurent d'en utiliser les maigres facilités et d'en faire le point de départ de nouvelles revendications, et toujours, ils reprenaient cette formule à laquelle ils entendirent donner toute son autorité, que les devoirs conféraient nécessairement des droits, et que l'Alsace-Lorraine, ayant à supporter les mêmes charges que les Etats confédérés composant l'Allemagne, devait aussi jouir des mêmes prérogatives. Ils pensèrent encore que si le particularisme des différents pays allemands était regardé comme la base de la Constitution de l'Empire, le parti-

cularisme alsacien-lorrain devenait tout aussi légitime
que le particularisme prussien, bavarois ou saxon. De-
puis trop longtemps dépossédés de leur maison, les
Alsaciens-Lorrains entendirent enfin y rentrer en maîtres, après avoir mis à la raison les hôtes incommodes
qui s'y étaient installés et qui seuls y donnaient des
ordres. Ces hôtes incommodes, sans doute, ils ne pouvaient les chasser — c'est cependant ce qu'ils eussent
préféré à tout — mais ils voulurent, du moins, exiger
d'eux ce respect et cette condescendance qu'un étran-
ger doit avoir pour son hôte. Grâce à l'esprit profon-
dément démocratique que leur avait donné leur histoire, les Alsaciens-Lorrains, forts du sentiment de
leur dignité, n'entendirent pas être soumis à un arbitraire régime de bon plaisir, ils voulurent, au contraire, être consultés et donner leur avis, et puisque
les États modernes font du suffrage populaire un des
principes essentiels de l'organisation politique, ils estimèrent que leur degré d'intelligence leur permettait
d'exprimer librement leurs préférences constitutionnelles, et qu'ils ne devaient laisser à personne le soin
de prononcer pour eux.

Toutes ces idées si légitimes s'étaient peu à peu
développées dans l'esprit des jeunes Alsaciens qui,
sans avoir par eux-mêmes connus les cruels déchire-
ments de 1871, étaient arrivés, vers 1890, à l'âge

d'homme et avaient réfléchi. Ayant conscience de leur valeur, ils se dirent que le premier devoir d'un peuple c'est de se débarrasser des entraves mises à son libre développement, d'affirmer ses intérêts et de se créer une indépendance morale qui le distingue des autres peuples et lui donne son originalité. Et ce qui les froissait le plus, c'était que le gouvernement d'Alsace-Lorraine, tel que le constituait la loi de 1879, n'avait pas à se préoccuper de l'opinion des Alsaciens-Lorrains, puisqu'il trouvait toujours, en dehors de la nation, la force nécessaire pour le soutenir, et se montrait plus empressé à obéir aux injonctions de Berlin qu'à tenir compte des doléances les plus justifiées de ses obscurs administrés. Comme d'autre part enfin l'histoire leur avait appris que le régime français auquel les Alsaciens avaient été soumis pendant plus de deux siècles les mettait sur un pied d'égalité avec tous les autres Français, il leur fut possible de faire la comparaison entre la France et l'Allemagne et de constater que la première avait traité les Alsaciens en citoyens conscients de leurs droits, tandis que la seconde les reléguait au second plan dans leur propre pays et ne leur demandait que d'être des sujets soumis, des contribuables dociles, des soldats disciplinés.

La nouvelle génération sut aussi estimer la force que lui donnaient sa parfaite connaissance de la langue allemande, sa soumission aux dures obligations du service militaire allemand, sa formation dans les écoles et les universités allemandes, et mettant cette force au service de son patriotisme, elle donna à son action non plus la forme stérile de la protestation, mais celle plus active de la réclamation des droits et des légitimes libertés.

Il ne faudrait pas, cependant, s'imaginer que, du jour au lendemain, les méthodes se modifièrent, ni que les formes de la résistance s'altérèrent au point de prendre instantanément une expression nouvelle. En politique, comme en toutes choses, les actions, pendant un certain temps, s'entrecroisent ou se combinent, donnant lieu à des compromis, parfois même à des heurts qui en précipitent ou en retardent les effets. Les anciennes tendances subsistent en vertu du mouvement acquis et des habitudes prises, les nouvelles tendances ne trouvent pas immédiatement leur aplomb. En même temps que se mûrissaient les nouvelles idées et qu'elles se répandaient dans les esprits, la protestation intransigeante conservait de déterminés partisans; et il ne fut pas toujours facile de mettre d'accord deux tendances qui, sans être diamétralement opposées, n'employaient pas cependant les mêmes moyens d'action.

La politique gouvernementale

L'administration, comme on doit s'y attendre, ne vit pas de bon œil cette orientation d'esprit qui, malgré vingt ans d'oppression — et sans doute à cause de cela — s'était communiquée à la jeune génération, et elle sentit la nécessité d'intervenir.

Mais sous quelle forme devait s'opérer cette intervention?

Le gouvernement, en effet, ne tarda pas à reconnaître qu'il lui serait difficile d'employer des mesures violentes contre des dispositions récalcitrantes, il est vrai, mais, en somme, légales parce qu'elles étaient conciliables avec l'esprit de la constitution allemande; et que pouvait-il entreprendre contre des citoyens qui affectaient de se mettre en règle avec la loi? Il n'abandonna, sans doute, pas facilement son procédé habituel de la poigne de fer; mais il se rendit compte que pour enrayer un mouvement qu'il sentait funeste, ,mais contre lequel la force elle-même était impuissante, il lui fallait changer de méthode, et résolut d'essayer la diplomatie et les intrigues de la politique en mettant à profit certains événements dont je vais parler et qu'il sut habilement exploiter.

Les Elections de 1893

Ces événements furent provoqués, en 1893, par les
élections pour le Reichstag, qui exercèrent sur les
destinées politiques du pays une influence considérable.

Cette année-là, M. Jacques Preiss fut, pour la
première fois, envoyé à Berlin par les électeurs de
Colmar, et ses débuts au Reichstag firent une sensa-
tion profonde. En entendant ce jeune homme qui peut
certainement passer pour le représentant le plus autorisé de la nouvelle génération, parler dans un langage
clair et vigoureux des droits de l'Alsace-Lorraine, et
flétrir les procédés de l'administration allemande, on
se rendit bien compte que, dorénavant, la lutte allait
prendre un caractère plus sérieux en s'établissant sur
des positions plus solides. Les meilleures boutades de
Bismarck ne suffisaient plus pour rétorquer les argu-
ments décisifs que M. Preiss mettait à la disposition
des légitimes revendications alsaciennes.

Mais tandis que les électeurs de Colmar, d'un vote
unanime, accordaient leur confiance à M. Jacques
Preiss, les électeurs de Strasbourg crurent bien faire
en usant d'un stratagème pour manifester leur mécon-

tentement, et nous allons voir ce que ce stratagème qui n'était inspiré que par cet esprit malicieux et narquois propre aux Alsaciens, ne manqua pas d'être fertile en conséquences sérieuses, et imprévues.

Après les misères qui avaient été faites par le gouvernement à M. Kablé, ancien député de Strasbourg, personne ne se souciait de recueillir sa succession. M. Pétri, un de ces ralliés de la première heure qui prêchèrent l'autonomie, avait pu être élu en 1887 car les Allemands, nombreux à Strasbourg, avaient tous voté pour lui et les Strasbourgeois qui n'avaient trouvé personne à lui opposer, s'étaient abstenus; M. Pétri se présenta aussi en 1893, mais les électeurs de la circonscription, rendus prudents par l'exemple de 1887, au lieu de s'abstenir encore une fois, résolurent de lui opposer un concurrent, et trouvèrent ingénieux de choisir un Allemand, Bebel, qui était alors le chef du parti socialiste en Allemagne.

Et pourquoi Bebel?

D'abord parce qu'à ce moment le socialisme allemand était un parti d'opposition violente qui se faisait remarquer par la vigueur de ses attaques contre le gouvernement impérial.

Puis, surtout, parce que Bebel et ses amis avaient, en 1871, voté contre l'annexion de l'Alsace-Lorraine à l'Allemagne.

N'ayant pas trouvé de protestataire alsacien qui consentit à les représenter, les Strasbourgeois trouvèrent piquant de donner leurs voix à un protestataire allemand. Et Bebel fut nommé à une très forte majorité, car Pétri n'eut pour lui que les immigrés.

Cette élection ne fut donc qu'une sorte de bonne farce, comme on dit vulgairement, qu'on voulait faire au gouvernement; et sur les 8.193 voix que Bebel obtint alors à Strasbourg, on peut hardiment affirmer qu'il n'y avait pas cinquante voix vraiment socialistes — le socialisme était alors presque inconnu à Strasbourg — et toutes les autres provenaient de mécontents désireux de jouer un tour à l'Administration.

Mais les socialistes allemands ont cela de particulier, de toujours croire que leur triomphe est dû uniquement à l'excellence de leurs idées. Au lieu d'attribuer leurs succès à des rivalités fortuites, à des coalitions d'occasion, ou même tout simplement à cette disposition naturelle qui pousse les esprits aigris à voter pour ceux qui, à leur avis, *embêtent* le gouvernement, les compagnons de la *Sozialdemokratie* se bercent sans cesse de la douce illusion de croire que tous ceux qui votent pour eux sont des disciples fervents de leurs doctrines.

Et c'est par suite de cette illusion profonde qu'en 1893 les socialistes allemands s'empressèrent de célébrer dans leur journal la grande victoire qu'ils venaient de remporter à Strasbourg, où ils avaient même battu le candidat indigène.

L'affaire, malheureusement, n'en resta pas là, car voyant le beau tapage qu'en Allemagne on faisait autour de la conversion complète de Strasbourg au socialisme, certains Strasbourgeois commencèrent à s'agiter, se dirent qu'ils avaient été imprudents d'allumer une étincelle qui pourrait un jour mettre le feu à leur maison, et pensèrent bien faire en cherchant à se rallier autour d'un programme politique diamétralement opposé à celui des socialistes, afin qu'on ne pût pas attacher à l'élection de Bebel une autre signification que celle qu'on avait entendu lui donner. Cette proclamation de principe en amena d'autres, et c'est ainsi que, par une porte dérobée, les partis politiques furent introduits en Alsace-Lorraine. L'élection de Bebel à Strasbourg, élection purement protestataire, eut ce singulier résultat de faire servir un mouvement unanime de protestation à semer la division entre les protestataires.

Introduction en Alsace-Lorraine
des Partis politiques

Avant l'élection de Bebel, il n'y avait pas, à proprement parler, de partis politiques en Alsace-Lorraine; ou, du moins, il n'y en avait que deux très inégalement forts : le premier qui réunissait l'immense majorité des électeurs, à quelque opinion, à quelque confession religieuse qu'ils appartinssent, était celui de la protestation; le second, qui ne ralliait autour des fonctionnaires allemands que quelques Alsaciens-Lorrains discrédités, était celui des partisans de l'autonomie, de cette autonomie de 1876, qui ne fut qu'une tentative misérablement avortée et dont j'ai expliqué les caractères et la genèse dans le chapitre précédent. Mais après les élections de 1893, la situation se modifia.

En accentuant le caractère socialiste de l'élection de Bebel, et en négligeant, de parti pris, son caractère protestataire, le seul qu'il eut, on provoqua un mouvement de réaction qui, lui aussi, eut le tort d'oublier les principes essentiels qui jusqu'alors avaient donné à l'action alsacienne-lorraine une si belle unité, et, au bout de quelques années, s'attachant, malheureusement, de plus en plus, aux causes qui pouvaient les dissocier, les Alsaciens-Lorrains se trouvèrent enrégimentés et répartis entre quatre ou cinq fractions prêtes à lutter les unes contre les autres.

Ce fut incontestablement pour la politique générale de l'Alsace-Lorraine un immense malheur, car le gouvernement sachant que le meilleur moyen de régner a toujours été de diviser, n'eut rien de plus pressé que d'encourager un mouvement de désagrégation dont il espérait, avec raison, pouvoir tirer profit.

Si dans un grand pays animé, dans son ensemble, d'un même sentiment patriotique, on peut admettre que les partis politiques, en rivalisant entre eux d'ardeur pour le bien commun et pour la réalisatoin de réformes nécessaires, sont, en effet, utiles, il n'en est certes, pas de même dans un pays qui se trouve contraint de lutter pour son indépendance nationale. Toute division qui tendrait à affaiblir la force de résistance y devient, je dirais volontiers, criminelle, surtout lorsque le gouvernement même de ce pays, ne pensant qu'à asservir le caractère public, demeure l'ennemi commun qu'il faut combattre. Le gouvernement, en effet, avec les moyens particuliers de séduction ou de répression dont il dispose, est un adversaire trop dangereux pour qu'on puisse se contenter, contre lui, du moindre effort; c'est, au contraire, l'effort maximum, celui qui exige la concorde de tous les citoyens, qui est nécessaire.

En Alsace-Lorraine, bien que le peuple ait conservé assez fidèlement le sentiment de la nécessité de l'entente, et qu'en bien des occasions solennelles, les partis politiques aient su se mettre d'accord pour faire entendre des protestations indignées — lors des affaires de Saverne et de Grafenstaden, par exemple — on ne revit plus, cependant, ces journées fameuses où, dans un même élan, tous les Alsaciens-Lorrains, qu'ils fussent catholiques ou protestants, radicaux ou conservateurs, allaient aux urnes avec la seule préoccupation de faire entendre, une fois de plus, leur énergique *non possumus*. L'accord devenait plus difficile à obtenir, et n'était dû souvent qu'à des compromis qui en atténuaient la force ; on peut même affirmer que lorsque cet accord se produisait, ce n'est pas parce qu'on l'avait longuement préparé, mais parce qu'un fait imprévu produisait tout à coup une irrésistible unanimité d'indignation.

Autrefois, tous les Alsaciens-Lorrains se trouvaient du même côté de la barricade. Mais le jour où les Alsaciens-Lorrains se fractionnèrent en acceptant les uns la discipline socialiste, les autres la discipline catholique, ou radicale, ou libérale, ils furent dans l'impossibilité d'exclure de leurs comités et de leurs réunions les Allemands établis en Alsace-Lorraine et qui, comme eux, se disaient socialistes, catholiques, radicaux ou libéraux, et qui se vantaient de leur procurer non seulement l'appui de leurs voix, mais celui de l'influence dont ils pouvaient disposer. Et c'est ainsi que les partis politiques donnèrent aux Allemands la possibilité de prendre part à des discussions qui auraient dû se passer en famille, et devinrent pour l'Alsace-Lorraine une cause certaine d'affaiblissement. Un Allemand avait beau être radical, libéral, clérical ou socialiste, il n'en était pas moins et avant tout animé d'un esprit de prosélytisme national, d'arrogance, de dénonciation qui le rendait dangereux pour les Alsaciens.

On saura plus tard, lorsque s'ouvriront les archives secrètes de l'Histoire, et qu'on apprendra le détail des louches intrigues qui furent nouées par le gouvernement, on saura quels furent les hommes qui, les premiers, parmi les Alsaciens-Lorrains, se sont faits les ouvriers de la division du pays en partis politiques; mais, dès à présent, on peut dire que ceux qui prêtèrent la main à cette œuvre néfaste ont à porter une terrible et lourde responsabilité, car ils compliquèrent pour le peuple alsacien-lorrain la tâche sacrée qu'il avait entreprise — et que malgré tout il mena à bonne fin — celle de la conservation de son indépendance morale; ils devinrent les complices inconscients mais avérés des parasites encombrants qui vécurent des divisions du pays et ils favorisèrent le jeu allemand.

Lorsqu'il s'est agi, en France, de créer, en 1914, l'union sacrée, on a dit avec raison que les qualificatifs de socialiste, de radical, de conservateur et tous les autres qui servaient d'étiquettes aux partis politiques, n'étaient que des prénoms qui étaient dominés par le nom de famille, celui de Français. En Alsace-Lorraine, c'est aussi du nom de famille qu'il s'agissait, puisque des intrus s'étaient, de force, installés au foyer national et entendaient y régner en maîtres. C'est pour leur faire comprendre qu'ils n'y étaient pas à leur place et pour les rappeler à la discrétion, qu'il se forma, en 1911, en vue des élections qui devaient avoir lieu pour le Landtag, un nouveau parti qui eut la généreuse prétention de rallier les bonnes volontés de tous ceux qui étaient disposés à subordonner les intérêts mesquins de la politique, à l'intérêt des revendications nationales. Ce parti s'intitula *Union nationale d'Alsace-Lorraine* et bien des raisons s'opposèrent à ce qu'il prît l'extension qu'il aurait dû prendre, et de ces raisons, la plus importante, sans doute, c'est qu'il fut combattu à outrance par le gouvernement qui ne pouvait que redouter les effets d'une commune entente. Grâce à de monstrueuses coalitions, la plupart

des candidats que soutenait officiellement l'*Union nationale d'Alsace-Lorraine*, furent battus; Jacques Preiss
lui-même échoua; mais, chose curieuse, grâce au bon
sens du peuple, le programme que l'*Union nationale*
avait lancé la première, devint celui de presque tous
ceux qui la combattaient, et l'esprit qui l'animait est
largement entré dans le Parlement. Sa défaite n'a donc
été qu'apparente, puisque ses idées triomphèrent.

C'est dans ces conditions peu favorables, mais dont
les mauvais effets furent ordinairement corrigés par
cet instinct secret qui toujours dirigeait la conscience
alsacienne, que prit naissance la forme nouvelle donnée par les Alsaciens-Lorrains à leur résistance. Et on
ne peut même pas dire que cette forme fût atténuée,
tant elle était différente de la première.

Les méthodes se comparent le plus souvent par leurs
résultats, et si, en 1878 et en 1879, le dixième seulement des recrues se présentèrent aux conseils de révi-
sion en Alsace-Lorraine, en ce moment près de 20.000,
Alsaciens-Lorrains ayant tous passé par l'école et le
régiment allemands servent dans l'armée française et
y font vaillamment leur devoir. Il suffit de mentionner
ce fait pour prouver que l'Alsace-Lorraine est restée
fidèle à ses sentiments d'autrefois; et l'Histoire qui
enregistra les énergiques protestations faites en 1871
et en 1874, par Keller et Teutsch, ne pourra pas repro-

cher à l'Alsace-Lorraine d'avoir laissé se perdre le trésor de patriotisme qui lui avait été confié, d'avoir vendu pour un plat de lentilles le droit d'aînesse que lui donnait son vieux passé gaulois et français.

La seconde idée de l'autonomie

Le malheur voulut cependant que les Alsaciens-Lorrains fussent obligés, pour caractériser leurs revendications, d'employer un mot qui jadis avait éveillé des sentiments assez douteux, et laissé des souvenirs plutôt pénibles : le mot d'*autonomie*, et ils reprirent la devise fameuse : *l'Alsace-Lorraine aux Alsaciens-Lorrains.*

Mais le second mouvement autonomiste différa complètement du premier, car l'esprit qui le provoqua, au lieu d'être inspiré par Berlin, n'acceptait d'autre discipline que celle des principes essentiels qui assurent la liberté et l'indépendance morale des peuples. Entre les mains des anciens autonomistes, l'autonomie ne serait devenue qu'un instrument de servitude, tandis que pour les seconds il devait être un moyen d'affranchissement.

Car c'est de cela, en somme, qu'il s'agissait ; c'est contre l'emprise germanique que l'Alsace-Lorraine en-

tendait lutter, en se servant, de son mieux, et malgré
bien des difficultés, des seules armes dont elle avait
la faculté d'user et qui lui étaient fournies par l'arse-
nal des lois constitutionnelles allemandes. L'Alsace-
Lorraine ne pouvait se contenter du rôle trop docile
que l'Allemagne se flattait de lui faire jouer en lui
fabriquant une mentalité sans consistance et toujours
prête aux capitulations. Son passé lui permettait d'es-
pérer un autre avenir; et elle entendait se conserver
un esprit capable de comprendre et d'apprécier la
France, un cœur capable de l'aimer.

Tel était le but qu'avec courage l'Alsace-Lorraine
voulait atteindre en réclamant son autonomie nouvelle
manière qui devait être non seulement politique, mais
aussi morale, c'est-à-dire hostile à toute influence qui
aurait cherché à modifier les tendances de l'âme nationale. L'autonomie ne devait pas se contenter de cons-
truire la maison alsacienne, elle devait aussi pouvoir
la meubler à son goût, lui conserver ce cachet spécial
que donnent aux vieux logis le respect et l'amour des
traditions ancestrales, et la préserver de ce faux luxe
dont l'Allemagne, à la fois pompeuse, vulgaire et bru-
tale, voulait la garnir.

Je ne rappellerai pas toutes les phases de la lutte
que l'Alsace-Lorraine eut à soutenir pour obtenir une
certaine indépendance politique.

Ce n'est que dans ces dernières années que le Reichstag et le Conseil fédéral furent définitivement éliminés comme pouvoirs législatifs spéciaux, et que deux Chambres installées à Strasbourg eurent le droit exclusif de faire des lois pour l'Alsace-Lorraine. Encore convient-il d'ajouter que les Assemblées nationales de Berlin se réservèrent la faculté d'apporter. quand elles le jugeraient opportun, des modifications au régime constitutionnel de l'Alsace-Lorraine, régime qui lui avait été octroyé et qu'elle n'avait pas elle-même librement établi. Ce fut évidemment un progrès, mais combien minime, puisque le recrutement de la Chambre haute était réglé de telle façon que l'empereur pouvait toujours s'y assurer une forte majorité. A Berlin on n'osa pas aller jusqu'à permettre aux Alsaciens-Lorrains de régler eux-mêmes leur constitution; on se méfiait bien trop de leur esprit démocratique, qui leur faisait apparaître la forme républicaine comme la plus naturelle et la plus logique. Et allez donc introduire une Alsace-Lorraine républicaine dans la Confédération des Etats allemands, dans cette Confédération conduite et exploitée par la Prusse, où l'esprit des hobereaux jaloux des privilèges de leur caste est encore tout-puissant. C'est certes bien en vain que l'Alsace-Lorraine eût invoqué l'exemple de Brême, de Hambourg et de Lubeck, qui forment, en somme, de véri-

tables républiques, pour montrer la possibilité constitutionnelle d'une république alsacienne-lorraine. Derrière la république alsacienne-lorraine, le gouvernement impérial voyait apparaître la république française, et se méfiait d'une innovation dont le sens pratique de la population aurait pu, sans doute, se bien
trouver, et qui aurait, par conséquent, encouragé les
autres Etats allemands à faire semblable expérience.

Car on ne peut jamais savoir : quand on sème certaines idées, le souffle puissant de la liberté les transporte au loin, et on les voit tout à coup germer dans
les endroits qui paraissaient le moins faits pour les
recevoir, et surtout pour les développer.

La lutte pour l'autonomie, toute légale qu'elle fût,
ne se poursuivit donc qu'au prix des plus grandes
difficultés, et le gouvernement ne l'accorda que, pour
ainsi dire, goutte à goutte, et à mesure qu'il croyait
apercevoir dans la population de nouvelles manifestations de bonne volonté et qu'il se flattait de pouvoir
gouverner à sa guise un parlement dont la force de
résistance ne pouvait manquer d'être affaiblie par la
rivalité entre les différents partis. De la manière dont
elle était comprise, l'autonomie ne constituait donc en
réalité qu'un prétexte à discussions plus ou moins stériles, car les Alsaciens, aussi bien que le gouvernement,
étaient fixés sur la portée des réformes qu'on pouvait

baser sur ce principe : les Alsaciens savaient très bien que jamais on ne les considérerait, en Allemagne, comme assez sûrs pour leur accorder la direction de leurs affaires; et le gouvernement, de son côté, était décidé à ne jamais se départir, en faveur des Alsaciens, du droit de les surveiller et de les maintenir dans un état d'étroite sujétion. Mais, malgré tout, c'est au nom de l'autonomie et pour elle qu'on luttait, parce qu'on n'avait pas d'autre principe à invoquer pour légitimer la volonté du peuple de ne se laisser maîtriser ni politiquement ni surtout moralement.

Autonomie morale

Et si les principes de l'autonomie politique peuvent se formuler dans des propositions que les parlements se réservent le droit de discuter, ceux de l'autonomie morale échappent à toute rédaction officielle, puisqu'ils ne relèvent que du sentiment, ou de cette force mystérieuse conférant à un peuple la conscience de ses intérêts essentiels.

Et cette autonomie morale, le peuple alsacien entendait la réclamer lui-même, chaque fois qu'il jugerait bon de le faire, et il n'avait pas besoin de l'intervention des parlementaires qui, le plus souvent, ne faisáient que suivre le mouvement créé par sa généreuse initiative.

C'est qu'au-dessus de la politique et de ses subtiles et parfois ténébreuses manœuvres, planait toujours le grand bon sens populaire qui ne comprend que les idées justes et simples, et sait leur donner, quand il le veut, des expressions d'une admirable précision.

Voici quelques exemples qui feront voir comment les Alsaciens s'entendaient à utiliser les circonstances qui leur paraissaient pouvoir favorablement contribuer à la défense de leur cause... et comment le gouvernement leur répondait. Ces exemples, d'ailleurs, je ne les ai choisis que parmi ceux que fournirent les années qui ont directement précédé la guerre actuelle, parce que j'ai pensé qu'ils étaient, mieux que d'autres, faits pour montrer la longue puissance de résistance du peuple alsacien et son inaltérable fidélité.

Monument de Wissembourg

En 1907, un excellent Alsacien, homme d'énergie et de cœur, sans aucun mandat officiel, mais imprégné à fond du sentiment national, M. Spinner, eut l'idée d'élever à Wissembourg un monument aux soldats français qui y étaient morts pour la Patrie. Ce projet, pieusement caressé, trouva dans le public un très favorable accueil; une souscription fut ouverte et les sommes nécessaires à l'exécution du monument, rapidement réunies.

S'appuyant sur les données historiques, les promoteurs de ce monument entendirent qu'il rappelât le souvenir non seulement des soldats français de 1870, mais aussi des troupes qui, au même endroit, avaient combattu sous le maréchal de Villars en 1707, sous le maréchal de Coigny en 1744 et sous le général Hoche en 1793, pour la défense contre les impériaux des Lignes de Wissembourg rendues fameuses par les guerres du dix-huitième siècle.

Ce monument ne devait pas être élevé en souvenir de la défaite française de 1870, mais en souvenir des nombreux combats où les Français plus souvent victorieux que vaincus, avaient fait preuve du plus admirable courage, et, sous bien des régimes différents, travaillé à la gloire de la Patrie.

Tel était le programme que l'on s'était proposé et pour rendre l'idée plus claire, l'artiste chargé de l'exécution avait proposé d'orner les quatre coins du monument d'attributs militaires se rapportant aux quatre époques dont on voulait évoquer le souvenir.

Pour obtenir les autorisations nécessaires, il fallut entreprendre avec le gouvernement des négociations qui furent plutôt pénibles, et on eut bien du mal à faire accepter l'idée projetée : un monument à des Français tombés en 1870 dans une bataille dont les Allemands sortirent victorieux, le gouvernement pouvait le permettre; mais un monument à des Français victorieux de l'Allemagne, c'était une autre affaire; et je me souviens des discussions qui eurent lieu à ce sujet entre le comité chargé de l'entreprise, et le sous-secrétaire d'Etat, M. Mandel. Ce dernier avait fait appel à toutes ses connaissances historiques pour essayer de faire comprendre que les soldats de l'ancien régime n'étaient, la plupart du temps, que des mercenaires recrutés un peu partout, qu'on ne pouvait honorer en eux un sentiment patriotique qu'ils n'avaient pas, et que le hasard seul les avait mis au service de la France. On lui répondit, naturellement, qu'il importait peu que les soldats de Louis XIV et de Louis XV aient été ou non des mercenaires, qu'il suffisait de savoir que ces soldats avaient combattu pour la France, sous les ordres de généraux français, et qu'en tous les cas on ne pouvait reprocher aux régiments de Hoche de n'avoir pas su ce qu'était le patriotisme, eux qui, en chantant la *Marseillaise,* s'étaient emparés du Geisberg.

Et ces observations qui furent alors faites par M. Mandel montrent que l'Allemagne prussienne s'était si bien substituée à l'Allemagne autrichienne qu'elle se considérait comme l'héritière des rancunes des Impériaux contre la France, et il semble que le nouvel empire, en épousant les querelles de l'ancien, ait voulu se faire pardonner de l'avoir vaincu en 1866.

Quoi qu'il en soit, le gouvernement ne donna qu'à regret les autorisations qu'on était bien obligé de lui demander, et pour témoigner sa mauvaise humeur, il prescrivit, au dernier moment, l'enlèvement de quelques emblèmes qui devaient symboliser les quatre époques dont il s'agissait de rappeler le souvenir. Et d'ailleurs, si le sous-secrétaire d'Etat Mandel se montra relativement accommodant, c'est qu'il tenait déjà, comme on va le voir, sa revanche.

Malgré tout, le grand jour de l'inauguration finit bien par arriver. Une foule immense se rendit, par un beau dimanche d'octobre, sur le coteau fameux où s'était si largement, et à plusieurs reprises, signalée l'antique bravoure française, et lorsque les voiles du monument tombèrent, la *Marseillaise* jaillit spontanément de toutes les poitrines, jetant vers le ciel une formidable et magnifique clameur d'espérance et de foi.

Le sens de cette manifestation pleine de dignité n'a pas besoin d'être longuement défini : il est assez clair. On voulait apprendre à l'Allemagne que les Alsaciens et les Français, confondus dans l'amour de leur commune Patrie, avaient autrefois remporté de communes victoires aux lieux mêmes où, en 1870, ils avaient subi une commune mais glorieuse défaite. Et si l'inauguration du monument de Wissembourg a pris un caractère si grandiose, c'est qu'elle a été pour le peuple alsacien une occasion de faire voir une fois de plus que, ne voulant rien renier de son passé, il entendait pouvoir librement en célébrer les faits les plus glorieux.

J'ai dit qu'à la manifestation alsacienne de Wissembourg, le gouvernement de Strasbourg tenait une réponse toute prête : il trouva, en effet, une réplique qui dépeint bien l'esprit dont il était animé : il fit élever sur une des principales places publiques du nouveau Strasbourg, la statue équestre de l'empereur Guillaume I", du monarque qui, en 1870. avait ordonné le bombardement à outrance de la ville, qui commanda à son artillerie de démolir ou d'incendier tous les monuments chers aux Strasbourgeois et qui refusa de laisser sortir de la place les femmes et les enfants, en disant que les angoisses de la population civile réduite aux abois constituaient, pour hâter la prise de la ville, un élément dont il ne pouvait se passer. Après avoir toléré la manifestation de Wissembourg, les pouvoirs publics, pour que le pangermanisme ne pût pas les accuser de faiblesse, résolurent de faire, à leur tour, une manifestation, et en érigeant à Strasbourg l'effigie paterne du vieux Guillaume, ils entendirent rendre plus éclatante la possession du pays.

Mais les banales palinodies officielles débitées à cette occasion ne purent étouffer la grande voix de la *Marseillaise* qui avait retenti à Wissembourg, et dont les échos fidèles chantaient dans tous les cœurs alsaciens.

Souvenir Alsacien-Lorrain

Toutes les occasions, d'ailleurs, furent bonnes pour faire éclater les mêmes sentiments.

En 1913, l'empereur Guillaume II voulant, par des fêtes données à l'occasion d'anniversaires fameux, surexciter le courage allemand en vue des grands événements qu'il savait proches, proclama bien haut le mérite de ceux qui, à Leipzig, avaient contribué à débarrasser l'Allemagne de l'hégémonie napoléonienne, et déclara, à plusieurs reprises, que tout pays avait le devoir de célébrer le souvenir des hommes qui avaient contribué à la gloire nationale.

En vertu de ce principe pompeusement proclamé par l'empereur allemand, l'Alsace-Lorraine crut, elle aussi, avoir le droit de ne rien oublier. L'Allemagne ayant immortalisé, en leur élevant un monument colossal, les vainqueurs de Leipzig, les Alsaciens-Lorrains pensèrent être autorisés, à leur tour, à glorifier ceux des leurs qui s'étaient illustrés à Iéna.

La bataille d'Iéna est-elle donc moins glorieuse pour les Alsaciens-Lorrains qui y prirent part, que ne le fut, plus tard, la bataille de Leipzig pour les Prussiens? C'est précisément pour graver dans les âmes la mémoire de tous ceux qui avaient contribué à l'honneur de l'Alsace-Lorraine que fut fondée la société dite du Souvenir alsacien-lorrain, à la tête duquel fut placé M. Jean, l'initiateur du monument de Noisseville.

L'initiative prise par les Alsaciens-Lorrains fut, on doit le dire, fort mal accueillie par l'administration qui pensa sans doute que les paroles de l'empereur ne s'appliquaient pas à l'Alsace-Lorraine, et la *Société du Souvenir alsacien-lorrain* fut purement et simplement dissoute par un arrêté du préfet de Metz.

Ce fut pour sauvegarder son autonomie morale que l'Alsace-Lorraine, en cette occasion, trouva ingénieux de profiter d'une déclaration impériale, pour essayer de sauver quelque chose de son passé et pour affirmer sa volonté de ne pas se laisser imposer une mentalité étrangère.

Affaire de Saverne

Un autre épisode typique de la résistance alsacienne fut certainement l'affaire fameuse de Saverne qui dépeint, de la façon la plus caractéristique, la situation qui était faite, dans leur propre pays, aux Alsaciens, par le pangermanisme tout-puissant.

Le régiment qui tenait garnison à Saverne, le 99e d'infanterie, était commandé par le colonel von Reuter, dont la morgue toute prussienne et le militarisme transcendant s'étaient, peu à peu, communiqués aux officiers placés sous ses ordres et, en particulier, à un lieutenant de vingt ans nommé von Forstner.

Ce Forstner, que les événements devaient rendre aussi célèbre que grotesque, entendait compenser les insuffisances physiques et morales de sa ridicule personne par son arrogance et par la grossièreté avec laquelle il traitait les soldats alsaciens de sa compagnie. Pas un jour ne se passait sans qu'il les insultât, les traitant publiquement de voyous, et les obligeant à sortir des rangs et à se présenter à lui en le saluant quand il leur donnait cette qualification peu flatteuse. Ce gamin était une brute.

Les pauvres garçons, bientôt, en eurent assez, et

l'un d'eux divulgua dans les journaux un certain nombre de faits scandaleux qui se passaient à la caserne, et raconta que des propos injurieux pour la France et pour l'Alsace y étaient tenus par les officiers.

Ce fut, dans tout le pays, une explosion de colère qui se traduisit, à Saverne, par des manifestations contre le corps d'officiers du 99ᵉ et, en particulier, contre le lieutenant von Forstner, qui ne sortit plus de chez lui qu'escorté par quatre hommes armés l'accompagnant partout, même chez son perruquier.

Le colonel, que rendirent furieux l'attitude de la population civile et les articles de la presse, perdit complètement la tête, et ordonna à la troupe de charger une centaine de personnes qui s'étaient amassées sur la place de la ville. Des horions furent échangés, des arrestations furent brutalement opérées, et on apprit, le lendemain, que le procureur impérial lui-même, qui se trouvait dans la foule, avait été pris au collet et fourré en prison.

Ces événements eurent, en Allemagne, un retentissement extraordinaire. L'opinion publique s'en émut, et s'il se trouva un parti peu nombreux qui critiqua les officiers de Saverne, il s'en trouva un autre, bien plus considérable, qui, au nom de la discipline et du principe sacro-saint de la préexcellence nécessaire de l'autorité militaire, prétendit qu'il était intolérable qu'en

Alsace on se permit de discuter l'attitude d'un chef militaire et que le prestige de l'armée et, par conséquent, l'avenir même de l'empire étaient en jeu.

On raconta que le *Kronprinz* lui-même écrivit au colonel von Reuter pour le féliciter de la fermeté qu'il avait déployée.

Force resta, comme toujours, à l'opinion la plus intransigeante : le militarisme eut gain de cause; les soldats alsaciens que l'on accusa d'avoir livré des secrets d'ordre militaire furent condamnés à des peines sévères, les officiers qui s'étaient signalés par leur brutalité obtinrent de l'avancement, et le pouvoir civil, bien qu'il n'eût que très mollement soutenu les Alsaciens, fut sacrifié, sur les injonctions du militarisme, qui exigeait que l'on donnât raison à des officiers que l'opinion publique, exaspérée, accusait de faire preuve de lâcheté en insultant grossièrement leurs inférieurs.

Encore une fois, ce fut au nom de son autonomie morale que l'Alsace fit entendre alors d'unanimes protestations, et les parlementaires furent bien obligés de se faire les interprètes de l'indignation publique. L'émotion causée par cette affaire n'était pas encore calmée quand survint la guerre, et on raconte que les soldats alsaciens du 99ᵉ trouvèrent un moyen plaisant de se venger des violences dont ils avaient été les victimes : au moment de l'avance de nos troupes en Alsace, ils enlevèrent leurs officiers et vinrent se rendre, avec armes et bagages, aux Français.

La double Culture

Pour bien marquer toutes les conséquences que l'Alsace-Lorraine entendait tirer de la sauvegarde de son autonomie morale, il me reste un mot à dire de la double culture, de ce principe qui avait été inventé de toutes pièces pour pouvoir justifier, vis-à-vis de l'Allemagne, certaines revendications dont on ne voulait pas perdre le bénéfice.

Voici donc ce que c'était :

Avec une certaine apparence de raison, les Alsaciens avaient pensé que leur pays, grâce à son contact direct avec la France d'une part, et avec l'Allemagne de l'autre, pouvait jouer un rôle utile — rôle que les événements historiques eux-mêmes avaient précisé — et qui ferait de lui une sorte de creuset où se fondraient les traits particuliers du génie de deux races. Ils se basèrent sur le rôle philosophique, artistique et littéraire joué, au cours des siècles, par des Alsaciens qui, s'assimilant les idées françaises, leur avaient communiqué une tournure spéciale et, parfois même, les avaient perfectionnées.

C'est ainsi qu'ils citaient des hommes, comme le

vieux trouvère Gotfried de Strasbourg qui, en son temps, s'empara d'un roman français pour le transformer et en donner l'admirable réplique allemande de *Tristan et Iseult*. Ils invoquaient encore les architectes qui, au xiiᵉ siècle, par Strasbourg, introduisaient en Allemagne l'art gothique dont les maîtres d'œuvre français avaient été les protagonistes; et ils s'autorisaient des idées de Gœthe lui-même, qui voyait en Strasbourg une ville permettant à l'Allemagne de se familiariser avec les préceptes que la France ne cessait de répandre dans le monde.

D'autre part, les Alsaciens avaient aussi dans l'esprit le souvenir de quelques savants, de quelques philosophes, de quelques artistes allemands qui laissèrent des traces lumineuses dans l'histoire des travaux humains; ils reconnaissaient dans l'Allemand une aptitude au travail et un esprit de suite dans la réalisation de ses desseins qui ne manquaient pas de les impressionner. Il était encore permis, alors, de parler d'une civilisation allemande, tandis qu'aujourd'hui, après toutes les horreurs commises et systématiquement décrétées par l'Allemagne, après les cyniques et ineptes déclarations de ses Intellectuels, ce pays n'apparaît plus que comme une monstrueuse anomalie qui se serait prolongée à travers les âges, et qui fait penser à une intempestive résurrection de l'ours des cavernes ou des terribles félins des temps préhistoriques. Mais aux environs de l'année 1900, on pouvait encore nourrir quelques illusions, et si les ambitions du pangermanisme nous étaient déjà connues, si nous pouvions craindre les accès de sa mégalomanie, nous étions loin, cependant, de nous douter que cette folie deviendrait, à ce point, furieuse qu'il faudrait employer la camisole de force pour la dompter.

On pouvait donc dire, il y a une vingtaine d'années, qu'en alliant les qualités de l'esprit allemand, de l'esprit d'Albert Dürer, de Beethoven et de Gœthe aux qualités plus brillantes et plus délicates de l'esprit français, il serait possible de créer une variété heureuse dont l'humanité pourrait tirer profit; et cette variété, c'est la terre d'Alsace qui devait la produire et la faire pousser à condition de rester ouverte aux deux influences génératrices.

Telle était la théorie que les Alsaciens cherchaient à faire prévaloir; et je reconnais bien volontiers qu'elle ne reposait que sur des bases bien peu solides et assez artificielles; je reconnais aussi qu'elle n'était exempte ni de pédantisme, ni même d'une certaine fatuité. Mais le pédantisme et la fatuité font partie intégrante de l'intellectualisme allemand, et il fallait bien que, par certains points, l'Alsace se rattachât à la culture allemande, puisque par tous les autres elle entendait se rattacher à la culture française. Pour avoir le droit de prendre sa part au fin régal français, l'Alsace se résignait à avaler, sans trop de grimaces, la lourde et indigeste drogue allemande. Ceci devait autoriser cela; tel est tout le secret de la campagne que l'Alsace fit en faveur de la double culture.

Les Allemands se laissaient autrefois prendre au piège des idées spéculatives : l'objectif et le subjectif, le moi et le non-moi formaient d'excellents appâts auxquels, presque toujours, ils mordaient. C'est pourquoi les Alsaciens lancèrent ce principe un peu vague, peut-être, mais soutenable et donnant lieu à mille discussions, de la double culture, qui leur permettait de réclamer des concessions qu'ils regardaient comme nécessaires.

Au nom de la double culture, en effet, les Alsaciens demandaient qu'une large part fût faite à l'enseignement du français, non seulement dans les écoles supérieures, mais aussi dans leurs écoles primaires; ils demandaient que des chaires d'histoire alsacienne fussent instituées à l'Université de Strasbourg, où des professeurs alsaciens auraient pu, librement, exposer que, pendant deux siècles, l'Alsace avait trouvé gloire et honneur à appartenir à la France; ils demandaient que des conférences et des représentations théâtrales françaises pussent être données en Alsace... Mais que ne demandaient-ils pas?

Dans les écoles primaires, on cherchait, par tous les moyens, à inculquer aux enfants la foi en la supériorité allemande; et à l'Université de Strasbourg, également, les professeurs se montraient jaloux de propager, avant tout, l'idée de l'excellence de l'Allemagne dans toutes les branches du savoir humain. On y prêchait l'exaltation systématique du *Deutschtum;* et le *Deutschland über alles* était devenu comme la conclusion normale de tout l'enseignement officiel seul toléré. Il était donc important de réagir et cette tentative de faire accepter le principe de la double culture et de donner à cette théorie une base scientifique doit encore être regardée comme une manifestation de la volonté bien arrêtée de l'Alsace-Lorraine de conserver et de défendre son autonomie morale. Il est inutile de dire que l'administration ne se laissa pas convaincre, malgré les articles du professeur Wittich; ces idées lui semblaient louches et peu conformes ou dogme de la supériorité absolue et nécessaire du génie allemand.

Les Étudiants alsaciens-Lorrains

Mais cette manifestation en faveur de la double culture eut une signification d'autant plus haute qu'elle était faite par les représentants de l'élite intellectuelle

6

du pays, par ceux qui se vouaient aux carrières libérales et qui, plus tard, essayaient de briguer des emplois publics. Les étudiants alsaciens-lorrains qui suivirent les cours de l'Université de Strasbourg avaient trouvé un symbole ingénieux pour faire comprendre, par un signe extérieur renouvelé pieusement chaque année, qu'ils ne se laissaient pas prendre aux vaines parades de leurs professeurs.

Réunis dans le local ordinaire de leurs assemblées générales, ces jeunes gens, après une soirée où n'avait cessé de régner la plus franche gaîté, attendaient que les douze coups de minuit sonnassent à l'horloge de la cathédrale, et se mettaient gravement en mouvement, l'un derrière l'autre, en se suivant à un pas de distance, sans proférer un cri, sans même prononcer une parole, sans attitude agressive, mais résolus à ne pas laisser rompre leur silencieuse colonne. Les cols de leurs paletots relevés, ils s'avançaient dans l'obscurité des ruelles étroites et semblaient des ombres tant leur lente procession était ouatée de mystère; puis débouchant sur la place où se dressait le bronze auguste de Kléber, ils faisaient, chapeau bas et sans s'arrêter, le tour du monument, et disparaissaient comme ils étaient venus.

Acte banal et presque puéril, mais inspiré par un sentiment dont il est aisé de comprendre l'impressionnante grandeur!

Le fait d'avoir, par une nuit de février, défilé tête nue, avec des centaines de camarades, devant la statue de Kléber, communiquait à nos jeunes hommes les grâces d'une sorte de sacrement de patriotisme et de fidélité. Une fois le rite accompli, ils étaient investis d'une dignité nouvelle qui ne se perdait plus; ils s'étaient consacrés à la Patrie par des vœux dont rien ne pouvait plus relâcher la force; et tous les actes de leur vie se ressentaient des résolutions qu'ils prenaient alors de ne rien sacrifier des légitimes aspirations de la conscience nationale; de résister à tous les efforts qui seraient tentés pour les détourner de leur mission essentielle et de ne jamais permettre qu'on leur arrachât le souvenir de ce que leur pays devait à la France.

C'était, dans sa simplicité, une admirable, saisissante et réconfortante manifestation; et quand il nous était donné, à nous, les Anciens, d'y assister, nous reprenions courage, en nous disant que l'avenir du pays était en bonnes mains, et que les traditions qui faisaient l'honneur de la Nation ne se perdraient pas.

Les Femmes alsaciennes

Enfin, il convient encore d'ajouter que pour mener la campagne contre le germanisme envahissant, les femmes d'Alsace-Lorraine furent des auxiliaires incomparables, car, d'instinct, elles comprenaient que c'est de son attachement à la France que dépendait la dignité de leur pays.

Sans entrer dans le détail des difficultés politiques, négligeant les mesquines finasseries de la tactique parlementaire, elles savaient maintenir la barre, et ne se laissant guider que par l'infaillible boussole de leur cœur, elles dirigeaient, sans faiblir, les courages vers le port des lointaines espérances. C'est la femme alsacienne qui, en vestale vigilante, a entretenu dans l'âme des enfants la flamme sacrée du patriotisme. Gardienne attentive des berceaux, elle les préservait des influences impures, comme elle veillait à l'intégrité des foyers, et c'est à elle, je n'hésite pas à le dire, que revient, en grande partie, l'honneur d'avoir conservé à la France une Alsace-Lorraine toujours dévouée et toujours fidèle.

L'Alsace destinée à devenir province prussienne

Les choses en étaient là quand éclata la guerre
de 1914; et on peut dire que jamais la situation n'avait
été plus tendue entre l'Alsace-Lorraine récalcitrante et
le Pangermanisme autoritaire, qu'au moment où furent
mobilisées les armées allemandes.

Et si l'Alsace-Lorraine comprit la dignité de la tâche
qu'elle avait à accomplir, si elle s'appliqua à lutter
avec courage pour son autonomie politique et pour son
autonomie morale en se basant sur le principe du
particularisme des Etats allemands, l'administration allemande, de son côté, comprenant que la tactique
adoptée par les Alsaciens-Lorrains était singulièrement
dangereuse pour la réalisation de son plan de germanisation à outrance, crut avoir besoin de nouvelles
armes pour la combattre.

Ces idées d'autonomie et de particularisme qui lentement gagnaient du terrain et finissaient par prendre
les allures d'un programme politique légitime; cette
théorie de la double culture dont s'autorisait l'Alsace-
Lorraine pour ne pas rompre ses attaches intellec-
tuelles avec la France, et pour maintenir l'influence
des idées françaises sur l'esprit des jeunes générations;

ces manifestations nationalistes auxquelles se livrait l'Alsace-Lorraine pour affirmer ses droits à l'indépendance morale; tout cela ne disait rien qui vaille au pangermanisme de plus en plus puissant et de plus en plus ombrageux.

Aussi les pangermanistes ne tardèrent-ils pas à émettre de nouvelles doctrines. Ils prétendirent que cette indépendance relative dont jouissaient encore les Etats allemands, et dont se prévalaient les Alsaciens-Lorrains pour demander plus de liberté et pour justifier une autonomie dont l'usage ne pouvait qu'être dangereux, ils prétendirent, dis-je, que cette indépendance relative n'était, elle-même, que le dernier vestige d'institutions démodées qu'il importait de rajeunir. Reprenant pour leur compte l'ancienne théorie que Bismarck n'avait jamais osé formuler d'une façon précise, mais à laquelle, certainement, il pensait, les pangermanistes, plus audacieux, ne se gênèrent pas de dire que dans l'Allemagne de leurs rêves, il ne devait y avoir de place que pour une unité administrative et politique de plus en plus centralisée et dont le siège serait à Berlin. L'Alsace-Lorraine ne pourrait, dès lors, cesser d'être Terre d'Empire que pour devenir une simple province prussienne, soumise à toute la rigidité des institutions autoritaires et absolues qui continuent à être en honneur dans le royaume de Frédéric le Grand.

Le dernier stade de l'annexion de l'Alsace-Lorraine
à l'Allemagne devait donc aboutir, tôt ou tard, à sa
transformation en province prussienne, et Dieu sait à
quel régime elle eût alors été soumise. Le sort qui a
été réservé à la Pologne peut nous en donner une idée.

Conclusion

Tels sont les traits sous lesquels s'est manifestée la
résistance que l'Alsace-Lorraine n'a cessé d'opposer à
l'emprise allemande. En variant ses moyens, elle passa,
peu à peu, de la protestation pure et simple à la revendication obstinée des droits que les devoirs qu'on lui
imposait, lui donnaient la possibilité de réclamer. Mais
soit qu'elle protestât, soit qu'elle réclamât son autonomie, le but qu'elle recherchait était, en somme, le même,
car il ne s'agissait jamais pour elle que de témoigner de
son attachement à la France.

Mais aujourd'hui tout cela appartient au passé et ne
doit être rappelé que pour servir de document aux historiens qui auront un jour la curiosité d'étudier l'attitude prise par l'Alsace aux jours douloureux de son

annexion à l'Allemagne. Et ces historiens, je l'espère,
reconnaîtront que l'Alsace-Lorraine, indomptable et
fidèle, n'a eu d'autre but que de s'imposer à l'estime du
monde par la générosité de ses sentiments et de manifester son horreur pour le régime que lui avait imposé le
traité de Francfort.

TABLE

Chapitre I
De 1871 à 1890.

Chapitre II
La nouvelle Génération.

PARIS

IMPRIMERIE CH. RENAUDIE

13, RUE DE SÈVRES, 13

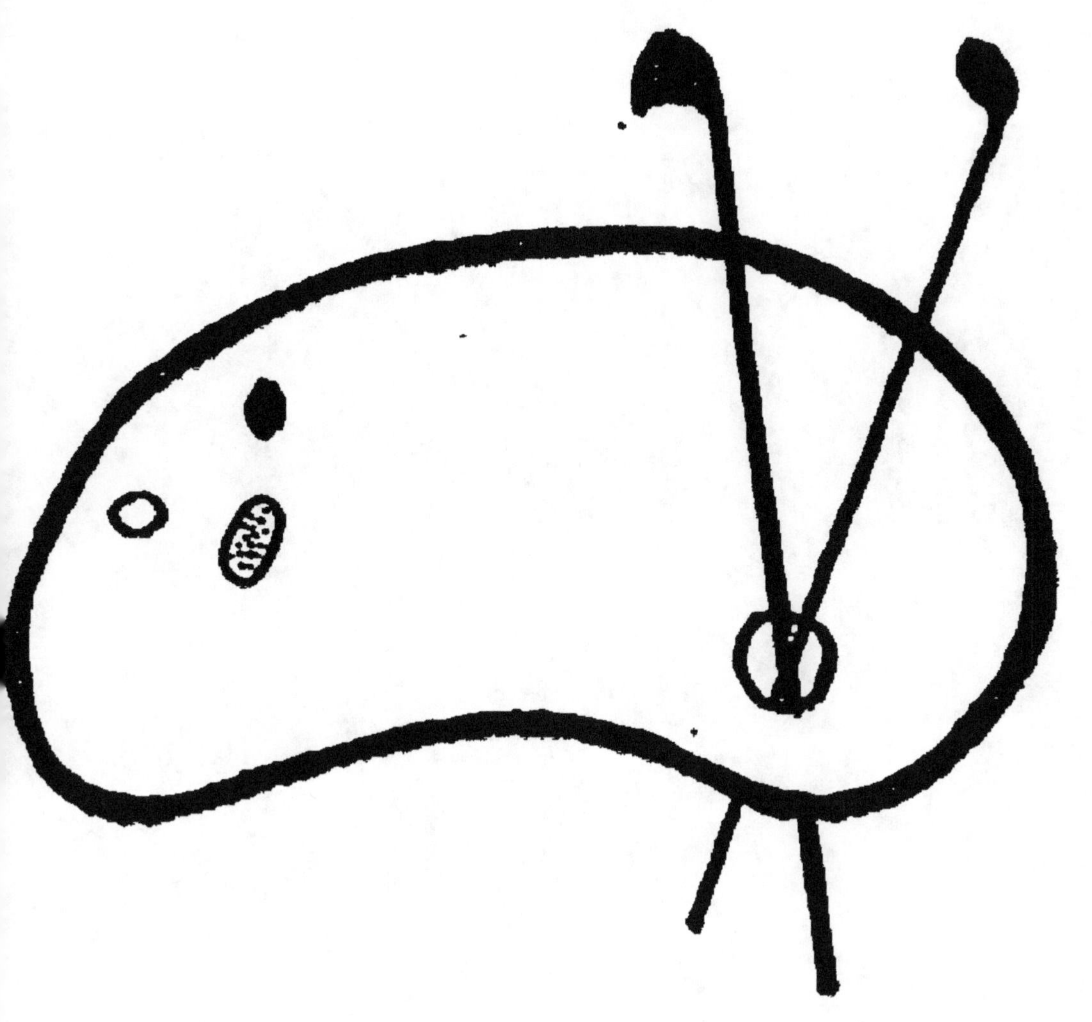

ORIGINAL EN COULEUR

NF Z 43-120-8